Lesetraining B2

Leseverstehen in Progression bis zum Goethe-Zertifikat B2

von

Kaity Papadopoulou

Daniela Paradi-Stai

Agapi Virginia Spyratou

ΧΡΗΣΤΟΣ ΚΑΡΑΜΠΑΤΟΣ
ΓΕΡΜΑΝΙΚΕΣ ΕΚΔΟΣΕΙΣ

ΧΡΗΣΤΟΣ ΚΑΡΑΜΠΑΤΟΣ
ΓΕΡΜΑΝΙΚΕΣ ΕΚΔΟΣΕΙΣ

Πεντέλης 31
153 43 Αγ. Παρασκευή - Αθήνα
Τηλ. 210 600 7801-2
Fax: 210 600 7800
E-mail: info@karabatos.gr
www.karabatos.gr

Σύνταξη:
Μανουέλα Γεωργιακάκη

Διορθώσεις:
Ευρυδίκη Πεταλά

4. Auflage 2013

Umschlagfoto: Smaragda Voutsa, Athen
Umschlaggestaltung, Layout und Herstellung: Vassilis Assimakis, Athen

Printed in Greece
ISBN 978-960-465-032-3

Inhaltsverzeichnis

Teil A

Teil B

Liebe Schülerin, lieber Schüler,

mit Lesetraining B2 können Sie den Teil Leseverstehen der Prüfung Goethe-Zertifikat B2 trainieren.

Das Buch besteht aus zwei Teilen:

Mit **Teil A** kann man direkt nach der Niveaustufe B1 beginnen, denn hier sind die Texte noch ein bisschen einfacher als in der eigentlichen Prüfung. Außerdem werden in Teil A die vier verschiedenen Aufgabentypen eingeführt und geübt. Tipps und Ratschläge zeigen Ihnen, wie Sie diese am schnellsten und besten bearbeiten können.

Alle Texte und Aufgaben in **Teil B** entsprechen dem Prüfungsniveau des Goethe-Zertifikats B2. Wir empfehlen, dass Sie sich in Teil B an die Prüfungszeiten halten, damit Sie dann in der Prüfung an das verlangte Tempo gewöhnt sind. Die Tests in Teil B haben einen ansteigenden Schwierigkeitsgrad, können aber auch nach einer anderen Reihenfolge bearbeitet werden.

Folgende Übersicht verdeutlicht, wie die vier Aufgaben aussehen, wie viele Punkte Sie für jede Aufgabe maximal erhalten können und wie viel Zeit Ihnen für jede Aufgabe zur Verfügung steht.

Leseverstehen	Aufgabe	Punkte	empfohlene Zeit *
1	für 5 Personen aus 8 Anzeigen das passende Angebot finden	5	15 Min.
2	5 Multiple-Choice-Aufgaben (a, b oder c) zu einem längeren Text lösen	5	25 Min.
3	bei 5 Aufgaben zu einem längeren Text entscheiden, ob der Autor etwas positiv oder negativ bzw. skeptisch sieht	5	25 Min.
4	für 10 Lücken in einem kurzen, informativen Text das passende Wort finden	10	15 Min.
	insgesamt:	**25**	**80 Minuten**

* Es stehen für alle vier Aufgaben des Leseverstehens insgesamt 80 Minuten zur Verfügung. Während der Prüfung darf man sich die Zeit frei einteilen.

Teil A

Aufgabe 1

1 Gemeinsame Theaterbesuche gehören für viele Schulklassen zum Unterricht.
Was glauben Sie, für welche der Theaterstücke (A-G) würden sich die einzelnen Schulklassen (1-5) interessieren?
Es gibt jeweils nur eine richtige Lösung. Es ist möglich, dass nicht für jede Schulklasse ein passendes Theaterstück angeboten wird. Markieren Sie in diesem Fall „negativ".

Wir empfehlen Ihnen, sich an folgende Arbeitsschritte zu halten:

1. Schritt: Lesen Sie zuerst, welche Interessen die Schulklassen (1-5) haben. Unterstreichen Sie dabei die wichtigsten Informationen.

2. Schritt: Lesen Sie dann die Beschreibungen der Theaterstücke (A-G) und suchen Sie diese nach den geforderten Informationen ab. Unterstreichen Sie dabei Wörter, die sich auf die Interessen der Schulklassen beziehen. Wenn Sie einen passenden Text gefunden haben, markieren Sie den entsprechenden Buchstaben neben der Klasse und streichen den Text durch.

3. Schritt: Tragen Sie die Lösungen in die Tabelle ein.

TIPP

Streichen Sie Text C, der dem Beispiel 01 zugeordnet ist, denn diesen Text dürfen Sie nicht mehr verwenden.

Aufgaben:

Welches Theaterstück wäre von Interesse für folgende Schulklassen?

1. Klasse 10a ist beunruhigt über die Aggressionen, die einige ihrer Mitschüler an anderen Jugendlichen auslassen.
2. Klasse 11b interessiert sich für die Probleme Gleichaltriger, die kein Verständnis bei der älteren Generation finden und nicht akzeptiert werden.
3. Die Schülerinnen und Schüler der 8a interessieren sich für Puppentheater.
4. Die Schüler der 9b beschäftigen sich im Unterricht gerade mit einem Projekt zum Thema „Was ist eigentlich Liebe? Zwischenmenschliche Beziehungen unter der Lupe."
5. Klasse 8c interessiert sich dafür, was passiert, wenn die harte Realität Träume und Illusionen zerstört.

Beispiele:

Welches Theaterstück wäre von Interesse für folgende Schulklassen?

01 Die Schüler der Klasse 9c diskutieren oft darüber, wie sie ihr Leben am besten meistern können.
Lösung: *C*

02 Klasse 10c hat gerade im Deutschunterricht Goethes „Faust" gelesen und möchte sich die Aufführung dazu ansehen. **Lösung:** *negativ*

01	02	1	2	3	4	5
C	negativ					

A

Cengiz & Locke
Theaterstück von Zoran Drvenkar nach seinem gleichnamigen Roman
Regie: Frank Panhans
In einer spannenden Geschichte zeigt Drvenkar authentisch und ungeschönt das Schicksal von Jugendlichen, die weder in ihren Familien noch in der Gesellschaft einen Platz finden und die ihr Glück auf der Straße suchen.

Aufgabe 1

B

Mit arger List

Robert bricht im Unterricht zusammen. Im Krankenhaus wird eine akute Tablettenvergiftung diagnostiziert. Merkwürdig nur, dass er keine Medikamente zu sich genommen haben will. Die Polizei schaltet sich ein. Klassenlehrer und Rektor bemühen sich um Aufklärung. Bei der Befragung von Roberts Mitschülerinnen und Mitschülern stößt man auf eine Mauer des Schweigens.

C

Das Erfolgsstück

Erfolg winkt. Erfolg stinkt. Erfolg ist Lebenszweck und Handlungsantrieb. Erfolg macht schön, Erfolg macht sexy.

Aber: Man muss nahezu Menschenfresser sein, um heutzutage Erfolg zu haben ...

In diesem Theaterstück, das sich verschiedener Darstellungsformen bedient, geht es um Erfolgssucht, Versagensangst und den Wunsch, seelisches Gleichgewicht zu finden.

Es entsteht ein Netz aus Fragen und Möglichkeiten bei dem Versuch, sich über verschiedene Lebensformen zu orientieren und den Weg zum Glück zu finden.

D

Nellie Goodbye

Nellie, Cora, Johnny, Tina und Danny träumen von jubelnden Fans und heißen Nächten in Hotelzimmern, von Anrufen von Viva-Agenten und davon, einst auf dem Titelbild des „Rolling Stone" zu erscheinen. Und sie proben wie besessen, um einen bevorstehenden Musikwettbewerb zu gewinnen.

Doch eines Tages kippt Nellie, die Leadsängerin der Band, bei einer Probe um. Als sich herausstellt, dass sie ernsthaft krank ist und vielleicht nicht mehr singen wird, brechen in der Gruppe heftige Spannungen aus.

Die fünf Jugendlichen machen eine Krise durch, in der ihre Beziehungen untereinander auf die Probe gestellt werden und ihre Vorstellungen vom Leben durcheinandergeraten.

E

So jung, so blond, so durch den Wind

Hackhackhack – sind die Sojabohnen gewaschen, die Zwiebeln klein geschnitten? Drei Nachmittage in einem chinesischen Take-away, dreimal Aufregung, Schweißausbruch und Eifersucht. Anneke, 14 Jahre alt, arbeitet dort mit ihrer Mutter.

Herr Jaques, für den eigentlich Sonja schwärmt, kommt, um einen Tisch zu reparieren. Von diesem Augenblick an fühlt sich Anneke wie im 7. Himmel. Sie ist überzeugt, dass Herr Jaques nur noch wegen ihr den Laden betritt.

Mit einem außergewöhnlichen Sinn für tragische Momente wird davon berichtet, wie schmerzhaft es ist, von einem geliebten Menschen enttäuscht zu werden.

F

Eins auf die Fresse
Mathias Erbach, Schüler der Klasse 8b einer Berliner Schule, hat sich umgebracht. Ermittlungen setzen ein, die keine Erkenntnisse zu Tage fördern. Mathias' Tod scheint in Vergessenheit zu geraten. Swen Sommerland, ein neuer Mitschüler, kommt in Mathias' Klasse. Lucky, Minnie und Lara zeigen Swen von Beginn an, „was Sache ist". Lügen, Erpressungen und Diebstahl sind an der Tagesordnung. Die Situation wird in den kommenden Wochen für Swen immer unerträglicher.
Ein Krimi über Mobbing, Liebe und die alltägliche Gewalt unter Jugendlichen.

G

Melodys Ring
Dem zwölfjährigen Melo wird beim Einkaufsbummel am Breitscheidplatz ein Ring gestohlen. Eine abenteuerliche Verfolgungsjagd beginnt und führt in unbekannte Welten von Berlin.

2 Welche Schlüsselwörter aus den Beschreibungen der Schulklassen und der Theaterstücke haben Ihnen geholfen, die richtige Lösung zu finden?

Schulklasse	Interessen	Theaterstück
01	ihr Leben am besten meistern	Erfolg zu haben / den Weg zum Glück zu finden
02	Goethes „Faust"	–
1		
2		
3		
4		
5		

Aufgabe 2

1 Lesen Sie den Text und unterstreichen Sie, welche Informationen Sie über folgende Punkte erhalten:
Fundort – Tätigkeit („Beruf") – Wohnort – Größe – Alter – Todesursache – Kleidung – Ausrüstung – Krankheit

Die Gletscher-Mumie

Im Archäologiemuseum der Provinz Südtirol kann man eine Mumie sehen, die 3200 v. Chr. gelebt hat. Ötzi, so heißt die Mumie, fasziniert Wissenschaftler und Touristen aus der ganzen Welt. Wie kam es dazu, dass sein Körper vom Eis eingeschlossen und konserviert wurde?

3 210 Meter hoch in den Alpen, an der Grenze zwischen Österreich und Italien, sahen zwei deutsche Bergsteiger im September 1991 eine braune, puppenähnliche Gestalt im Gletschereis, die Ötzi-Mumie. Der tiefgefrorene Ötzi wurde per Hubschrauber vom Fundort nach Innsbruck geflogen, wo ihn Historiker untersuchten und feststellten, dass Ötzi in der Kupferzeit gelebt hatte. Ötzi dürfte mit einer Schafherde unterwegs gewesen sein. Wahrscheinlich wollte der Hirt mit seinen Schafen ins Ötztal, wo es gutes Futter für seine Tiere gab. Ötzi lebte vermutlich in einem kleinen Dorf mit Holzhäusern in der Nähe des Ötztales. Er war nur 160,5 Zentimeter groß und 46 Jahre alt. Man vermutet, dass Ötzi von einem Wetterumschwung überrascht wurde und erfror.

Der Gletschermann war gut für das Leben in den Alpen ausgerüstet. Er trug eine Fellmütze und Kleidung und Schuhe aus Tierfellen und Leder. Er hatte eine Gürteltasche um und trug ein Feuerzeug, einen Dolch, Proviant und eine Kupferaxt bei sich.

Bereits als man Ötzi fand, fielen den Wissenschaftlern 15 Markierungen auf seinem Körper auf, die man für Tätowierungen hielt. Der Münchner Arzt F. Bahr fand aber kürzlich heraus, dass die Tätowierungen exakt auf oder nur knapp neben Akupunktur-Punkten liegen. Deshalb nimmt er an, dass Ötzi Nadelstiche als Schmerztherapie bekam. Dass der Gletschermann an schmerzhafter Arthrose litt, hatten Wissenschaftler schon lange nachgewiesen. Stimmt die von Bahr aufgestellte Akupunktur-Hypothese, dann ist diese Heiltechnik über 2 000 Jahre älter, als man bisher vermutete.

2 Entscheiden Sie nun, welche der Antworten (a oder b) passt.

1. Wo wurde Ötzi gefunden?

[a] Im Norden Österreichs.
[b] In den Alpen in einer Höhe von 3 210 Metern.

2. Was war Ötzis Beschäftigung?

a Er war Historiker in Innsbruck.
b Er war Schafhirte.

3. Wo wohnte er?

a In einem Dorf im Ötztal.
b In einem Dorf mit Holzhäusern.

4. Wie groß war Ötzi?

a Über anderthalb Meter groß.
b Kleiner als einen Meter fünfzig.

5. Wie alt war Ötzi, als er gefunden wurde?

a Er war Mitte 50.
b Er war über 45.

6. Warum ist Ötzi gestorben?

a Er war krank.
b Er geriet in ein Unwetter.

7. Was wissen wir über Ötzis Kleidung?

a Er trug Kleidung aus Wolle.
b Er war warm angezogen.

8. Was gehörte zu Ötzis Ausrüstung?

a Proviant und Werkzeug.
b Tierfelle und Leder.

9. Warum hatte Ötzi Schmerzen?

a Er litt an Arthrose.
b Er wurde tätowiert.

3 Auf welche Fragen liefert der Text sichere Antworten (+), auf welche nur Hypothesen (?)

a) Wo befindet sich Ötzis Mumie jetzt? ____
b) Wo wurde die Ötzi-Mumie gefunden? ____
c) In welcher Zeit lebte Ötzi? ____
d) Wohin wollte Ötzi mit seiner Schafherde? ____
e) Wo lebte Ötzi? ____
f) Wer oder was war verantwortlich für Ötzis Tod? ____
g) Wie war Ötzi ausgerüstet? ____
h) Wie wurde Ötzis Krankheit behandelt? ____
i) An welcher Krankheit litt Ötzi? ____

4 Unterstreichen Sie alle Ausdrücke im Text, die zeigen, dass die Antworten sicher bzw. nur Hypothesen sind und ergänzen Sie sie in der Tabelle.

sichere Antwort	Hypothese
stellten fest	wahrscheinlich

Abschied von der Kindheit

Als Kind ist man einfach behüteter. Ich habe früher nicht überlegt, was für Folgen mein Handeln hatte. Als Jugendlicher muss ich lernen, Verantwortung für mich und andere zu übernehmen. Das ist oft schwer.

Alexander, 17

Als ich das erste Mal allein verreist bin, habe ich auf einmal gemerkt: Es gibt jetzt keinen, der mir sagt, was ich machen muss und was nicht. Das war ein tolles Erlebnis, das mir zeigte: Jetzt bin ich endlich kein Kind mehr.

Sophia, 18

Als Kind weiß man, es wird für einen gesorgt, es wird deine Wäsche gewaschen, es wird für dich gekocht. Du kannst frei in den Tag hineinleben. Allerdings kann ich erst jetzt als Erwachsener frei für mich entscheiden. Obwohl ich das hervorragend finde, vermisse ich meine Kindheit schon!

Sven, 19

Man hat als Kind keine Probleme oder andere Leute lösen die Probleme für einen, was natürlich sehr bequem ist. Das ändert sich, wenn man Jugendlicher ist. Ich muss mich selbst um meine Probleme kümmern. So werde ich selbstständiger und unabhängiger; das ist meiner Meinung nach das Wichtigste für eine Person.

Nico, 16

Man geht anders mit seinen Freunden um. Als Kind habe ich mit Jungen zusammen gespielt und mir darüber keine Gedanken gemacht. Plötzlich, so mit 12 oder 13, ändert sich alles. Man interessiert sich für Jungs und macht sich mehr Gedanken über sein Äußeres. So erhält das Leben einen Sinn, glaube ich!

Angela, 17

Für mich war es die Mode, die mir zeigte, dass ich Gott sei Dank kein Kind mehr bin. Früher war man nicht irgendjemand, sondern man musste zur Gruppe gehören und es war cool, so rumzulaufen wie alle anderen. Alle aus der Gruppe mussten z.B. Eastpaks und Schlaghosen* haben. Später wurden wir individueller. Man guckte, dass nicht jeder das Gleiche trug. Ab einem gewissen Alter wird das eher belächelt, wenn man Leute in ihrer Kleidung nachahmt.

Katharina, 19

* **Eastpak** – *hier:* modischer Schulrucksack der Firma Eastpak

Schlaghosen – Hosen mit weitem Bein

1 Hier lesen Sie die Äußerungen mehrerer jungen Leute zum Thema „Abschied von der Kindheit". Stellen Sie fest, wie diese den Abschied von der Kindheit beurteilen: positiv (+), negativ (-) oder skeptisch (?).

Wir empfehlen Ihnen, sich an folgende Arbeitsschritte zu halten:

1. Schritt: Lesen Sie zuerst die Äußerungen. Unterstreichen Sie dabei alle Stellen, die eine positive oder eine negative Meinung bzw. einen Zweifel ausdrücken. Wichtig: Suchen Sie nur Meinungen zu der oben genannten Frage, nicht zu anderen Themen.

2. Schritt: Kreuzen Sie dann die richtige Lösung in der Tabelle an.

TIPP

skeptisch:
- Der Schreiber nennt positive und negative Seiten, entscheidet sich aber für keine.
- Der Schreiber nennt positive oder negative Seiten, hat aber gleichzeitig Zweifel an ihrer Richtigkeit.

	+	-	?
Alexander		X	
Sophia	X		
Sven			
Nico			
Angela			
Katharina			

2 Ordnen Sie nun die Redemittel aus den Meinungsäußerungen, die Sie in den Texten unterstrichen haben, in die Tabelle ein.

	+	-
Alexander		Das ist oft schwer.
Sophia	- ein tolles Erlebnis. - Jetzt bin ich endlich kein Kind mehr.	
Sven		
Nico		
Angela		
Katharina		

Aufgabe 4

1 **Sie erhalten den folgenden Text. Leider ist der rechte Rand unleserlich. Rekonstruieren Sie den Text, indem Sie jeweils das fehlende Wort an den Rand schreiben.**

Wir empfehlen Ihnen, sich an folgende Arbeitsschritte zu halten:

1. Schritt: Lesen Sie zuerst das Beispiel. Lesen Sie dann jeden Satz mit Lücke einmal ganz. Es fehlen nur Verben.

2. Schritt: Unterstreichen Sie die Wörter, die im Zusammenhang mit dem fehlenden Wort stehen könnten.

3. Schritt: Überlegen Sie, in welcher Form das Verb eingesetzt werden muss.

Margarete Steiff

Margarete Steiff wurde 1847 in Baden-Württemberg	geboren .	
Mit nur 18 Monaten erkrankte sie an Kinderlähmung,		
sodass sie den Rest ihres Lebens im Rollstuhl	______	1
musste.		
Nachdem die kreative Margarete die Schule	______	2
hatte, wollte sie eine Berufsausbildung haben. Sie	______	3
eine Nähschule und wurde Schneiderin.		
1877 machte sie ihre eigene Werkstatt auf und	______	4
meist Kleider her, bis sie 1880 acht kleine Elefanten als		
Weihnachtsgeschenke nähte. Bald nähte Margarete		
nur noch Tiere, die zunehmend auch ins Ausland	______	5
wurden.		
Fünf von Margaretes Neffen stiegen später in ihre Firma		
ein. Margarete kümmerte sich weiterhin um alles,	______	6
für eine warmherzige Atmosphäre in der Firma,	______	7
aber auch hohe Ansprüche an ihre Mitarbeiter. 1902	______	8
Margaretes Neffe Richard Steiff einen Bären mit		
beweglichen Armen und Beinen und weichem Fell.		
Dieser Bär wurde ein großer Verkaufsschlager und	______	9
viele Preise. Ab 1906 war dieser Bär als „Teddybär“		
bekannt, ein Name, den er dem Präsidenten Theodore		
Roosevelt zu verdanken hatte.		

2 Welche Wörter im Satz haben Ihnen geholfen, die richtige Lösung zu finden? Ergänzen Sie.

Folgende Wörter bzw. Wortteile können einen wichtigen Hinweis geben:

a) ____________ von trennbaren Verben (siehe Aufgabe 4)

b) ____________ bei Verben mit Präpositionalobjekt (siehe Aufgabe 6)

c) ____________ bei festen Verbindungen und Ausdrücken (siehe Aufgaben 1, 7)

3 Ergänzen Sie die Verben aus dem Text und Beispielsätze.

	Beispiele
sein Leben verbringen	Er verbrachte einen großen Teil seines Lebens im Ausland.
die Schule ____________	
eine Schule ____________	
ins Ausland ____________	
Ansprüche ____________	
Preise ____________	

2 Aufgabe 1

1 Viele Menschen versuchen ihrem stressigen Alltag durch einen Kurzurlaub zu entfliehen oder durch ein paar Tage Abwechslung, Entspannung und Erholung neue Energien zu tanken und ihre Gesundheit zu stabilisieren.
Was glauben Sie, für welche der acht Reiseangebote (A-H) würden sich die einzelnen Personen (1-5) interessieren?
Es gibt jeweils nur eine richtige Lösung. Es ist möglich, dass nicht für jede Person ein passendes Reiseangebot zu finden ist. Markieren Sie in diesem Fall „negativ".

Wir empfehlen Ihnen, sich an folgende Arbeitsschritte zu halten:

1. Schritt: Lesen Sie zuerst, welche Bedürfnisse und Interessen die Personen (1-5) haben. Unterstreichen Sie dabei die wichtigsten Informationen.

2. Schritt: Lesen Sie dann die Beschreibungen der Reiseangebote (A-H) und suchen Sie diese nach den geforderten Informationen ab. Unterstreichen Sie dabei Wörter, die sich auf die Bedürfnisse und Interessen der Personen beziehen. Wenn Sie einen passenden Text gefunden haben, markieren Sie den entsprechenden Buchstaben neben der Person und streichen den Text durch.

3. Schritt: Tragen Sie die Lösungen in die Tabelle ein.

TIPP
Streichen Sie Text E, der dem Beispiel 01 zugeordnet ist, denn diesen Text dürfen Sie nicht mehr verwenden.

Aufgaben:

Welches der acht Reiseangebote wäre wohl interessant für jede der folgenden Personen?

1. Ursula D. möchte ein paar Tage im Frühling Urlaub machen und dabei etwas für ihre Schönheit tun.
2. Ehepaar F. möchte mit seinen beiden Kindern zu Ostern verreisen.
3. Uwe K. und seine Partnerin möchten ein langes Wochenende an einem See verbringen und dort wandern und Rad fahren.
4. Reiner W. leidet unter häufigen Kopfschmerzen und sucht nach alternativen Heilmethoden.
5. Heidi K. wollte schon immer den höchsten Berg Deutschlands, die Zugspitze, kennenlernen.

Beispiele:

Welches der acht Reiseangebote wäre wohl interessant für jede der folgenden Personen?

01 Roland D. möchte in seinen Ferien seinen Lieblingssport Golf treiben. **Lösung:** E
02 Ehepaar L. möchte ein Wochenende in einer Großstadt verbringen. **Lösung:** negativ

01	02	1	2	3	4	5
E	negativ					

A
Hotel Allgäu Garni
Urlaub im Westallgäu, Dreiländereck D/CH/A, Nähe Bodensee
Toll zum Wandern, Schwimmen und Radeln und als Ausgangspunkt für schöne Ausflüge nach Lindau, Mainau, zu den Königsschlössern usw. Gönnen Sie sich eine Verschnaufpause!
88174 Scheidegg, Am Brunenbühl 12, Tel.: 08382/92563, Fax: 08382/92565, www.hotel-allgaeu-garni.de

B

Terlaner Spargelwochen
Südtirols Süden lockt mit Leckerbissen: von den Terlaner Spargelwochen über italienische Köstlichkeiten in Bozner Restaurants. Unser Tipp für Weinliebhaber: der Weinritt, ein eintägiger Streifzug durch blühende Landschaften, historische Weinhöfe, Kellereien und Kulturdenkmäler.

Info-Telefon: 0043 5673 2307

C

Osterferien für die ganze Familie
zwischen Chiemsee und Wendelstein. 5 ÜN ab 499 Euro für 2 Erw. und 2 Kids inklusive Begrüßungsdrink, Ostertanz, Kids- und Teeniebetreuung. Tolles Gästeprogramm.

83043 Bad Aibling, Tel. 08061–2970, Fax 08061–297105

D

Traumziele im Nordatlantik
Die brandneue und hochmoderne Passagierfähre „Norröna" der Reederei Smyril bietet regelmäßige Verbindungen zwischen Dänemark, Norwegen, Shetlandinseln, Färöer Inseln und Island an.

Wall 55 – 24103 Kiel – Tel 0421 200887, Info@Smyriline.de

E

Vitalpark Bad Waldsee
Sie möchten fürstlich golfen auf einem der schönsten Plätze Süddeutschlands und fürstlich übernachten im 4-Sterne-Golfresort inmitten des Premium Platzes?

www.waldsee-golf.de, Tel. 07524/40170

F

Auf ins Allgäu
Frühlingserwachen im Füssener Land. Ab 3 ÜN inkl. HP im DZ pro Pers./Tag 35 Euro. Hallenbad, Beauty-Studio.

Hotel Maximilian, 87645 Schwangau-Waltenhofen, www.hotel-maximilian-schwangau.de

G

Erschöpft, Migräne, Tinnitus?
Wir suchen nach versteckten Krankheitsursachen und zeigen naturmedizinische Wege zu neuer Kraft. Buchen Sie jetzt!

NaturaMed Vitalklinik, Tel. 07524 990222

H

Inter Chalet
Mehr als 500 Ferienhäuser in den schönsten Ferienlandschaften der Bretagne. Côtes d'Armor, Finistère, Morbihan.

Frankreich-Katalog kostenlos im Reisebüro.

2 Aufgabe 1-2

2 Welche Schlüsselwörter aus den Beschreibungen der Personen und der Reiseangebote haben Ihnen geholfen, die richtige Lösung zu finden?

Person	Bedürfnisse und Interessen	Reiseangebote
01	Golf	golfen / Golfresort
02	Wochenende in einer Großstadt	-
1		
2		
3		
4		
5		

1 Lesen Sie den Text und beantworten Sie folgende Fragen:

a) Wo wurde die Studie durchgeführt?
b) Wie viele Menschen nahmen daran teil?
c) Was wollten die Forscher feststellen?

Glücksspiel geht auf die Gesundheit

Wer seiner Neigung zum Glücksspiel nachgibt, den kostet das offenbar nicht nur Geld. Auch mit gesundheitlichen Konsequenzen muss gerechnet werden.

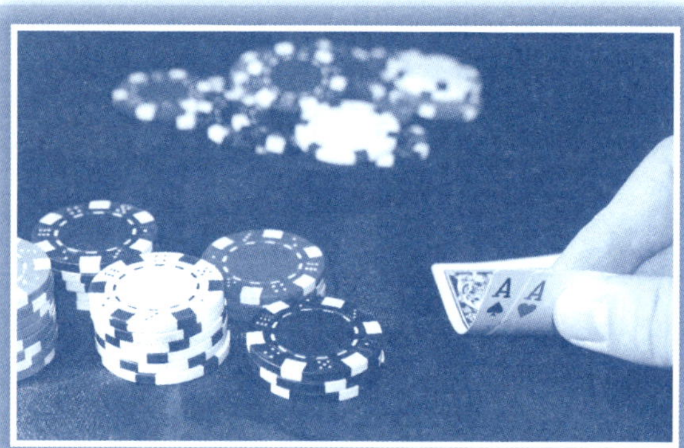

Es sorgt natürlich für Spannung – am grünen Tisch[1] zu sitzen, die Karten in der Hand und vor sich Plastikchips, die vielleicht Tausende von Euro wert sind. Doch wer diesen Drahtseilakt[2] häufiger genießt, muss damit rechnen, seine Gesundheit zu ruinieren. Das zeigt eine Studie US-amerikanischer Forscher.

[1] der grüne Tisch: ein Tisch mit einem grünen Tischtuch, an dem man Karten spielt
[2] der Drahtseilakt: eine aufregende Situation

Die Wissenschaftler untersuchten in ihrer Heimat die Daten von 43 000 Studienteilnehmern und wollten wissen, inwieweit das Glücksspiel gesundheitlich riskant ist.

Das Resultat: Auch wer nur fünf Mal pro Jahr spielt, ist eher fettsüchtig, leidet unter Angststörungen, neigt zu Alkohol- und Nikotinsucht sowie Bluthochdruck. Entsprechend hatten Studienteilnehmer, die häufiger spielten, unter Herzrasen, Angina und diversen Lebererkrankungen zu leiden.

Doch nicht nur die Spieler selbst sind von dieser Sucht betroffen – auch ihr familiäres Umfeld leidet mit, denn alle stehen ständig unter dem Druck, Geld für das Spiel zu beschaffen.

2 Lesen Sie nun den ganzen Text. Entscheiden Sie, welche der Antworten (a, b oder c) passt. Es gibt jeweils nur eine richtige Lösung.

Wir empfehlen Ihnen, sich an folgende Arbeitsschritte zu halten:

1. Schritt: Lesen Sie die Fragen bzw. Teilsätze, mit denen die Aufgaben beginnen.

2. Schritt: Überfliegen Sie einmal den Text und suchen Sie die Stellen, die dazu Auskunft geben. Notieren Sie am Textrand die Nummern der Aufgaben.

3. Schritt: Lesen Sie nun die Aufgaben ganz und parallel dazu die entsprechenden Textstellen. Entscheiden Sie, ob a, b oder c richtig ist.

Beispiel:

(0) Glücksspiele

- [a] kosten kein Geld.
- [x b] schaden der Gesundheit.
- [c] sind nur für gute Rechner.

1. Es ist spannend,

- [a] Tausende von Euro zu gewinnen.
- [b] Karten zu spielen.
- [c] Plastikchips in der Hand zu halten.

2. Das Ergebnis der Studie zeigt, dass

- [a] man mehr Alkohol trinkt, wenn man öfter als fünf Mal pro Jahr spielt.
- [b] man seine Gesundheit umso mehr gefährdet, je häufiger man spielt.
- [c] man seiner Leber schadet, wenn man fünf Mal pro Jahr spielt.

3. Inwiefern leiden die Verwandten der Spieler mit?

- [a] Sie brauchen Geld zum Spielen.
- [b] Sie werden auch süchtig.
- [c] Sie müssen dem Spieler Geld besorgen.

Ist die Oster-Tradition wichtig?

Stefan, 18: Ostern ist bei uns immer ganz traditionell geregelt, was für mich von großer Bedeutung ist. An Karfreitag gibt es Fisch und Ostersamstag gehen wir in die Kirche. Danach ist an der Kirche ein Fest, an dem meine Familie und ich immer teilnehmen. Außerdem färbe ich mit meinen Schwestern Ostereier, die wir am Ostersonntag verstecken.

Jana, 15: Bei uns zu Hause wird Ostern nicht streng traditionell gefeiert. Meine Geschwister und ich suchen nur am Ostersonntag Eier und kleine Geschenke, die unsere Eltern vorher versteckt haben. Dann essen wir noch zusammen, doch mehr machen wir nicht, was eigentlich nicht besonders schlimm ist. Es wäre trotzdem auch schön, wenn wir die Sitten und Bräuche des Osterfests pflegen würden!

Marc, 19: Mit Ostern habe ich nicht sehr viel zu tun; solche Traditionen bedeuten eigentlich nichts für mich. Meine Eltern sind aber streng gläubig und wollen deswegen Ostern immer feiern. Ihnen zuliebe gehe ich Samstagabend mit in die Kirche. Sonntags veranstalten wir immer ein ganz großes Osterfrühstück mit allen Verwandten. Den Rest der Zeit teile ich mir dann frei ein und mache, was mir gefällt.

Miriam, 17: Wir legen viel Wert auf Tradition. Karfreitag gehen wir abends zusammen essen, natürlich Fisch. Ostersamstag gehen wir abends in die Messe. Tagsüber malen wir Eier bunt an und schmücken das Haus. Sonntags verstecke ich die bunten Eier für meine kleinen Geschwister. Die suchen die Eier dann auch ganz fleißig. Anschließend wird gefrühstückt. Mittags gehen wir immer spazieren. Meistens auf dem Friedhof, wo meine Oma liegt.

Ariane, 16: Ostermontag gehe ich immer mit Freunden abends zum Rhein. Wir machen ein Lagerfeuer und grillen und feiern so Ostern. Mit Religion oder Glauben hat das nicht viel zu tun, aber das ist unsere Art, Ostern zu feiern. Dieses Treffen unter Freunden macht Spaß. Die typischen Osterbräuche dagegen finden wir total langweilig.

Johannes, 18: Ostern ist für mich ein ganz normales Wochenende. Da ich nicht getauft bin, feiere ich auch kein Ostern. Ich gehe mit Freunden weg und mache all das, was ich sonst auch tun würde.

Sabine, 17: Meine Eltern sind sehr gläubig, fast schon zu gläubig, daher spielt die Tradition eine große Rolle in unserem Leben. Am Gründonnerstag setzen wir uns abends mit der ganzen Familie zusammen und meine Mutter kocht richtig aufwendig. Karfreitag ist bei uns leider ganz streng geregelt. Da darf ich mich nicht mal mit Freunden treffen oder telefonieren! Aber nicht alles ist so übertrieben: Samstagnacht gehen wir in die Ostermesse und gucken uns danach das Osterfeuer an. Ostersonntag gehen wir noch mal in die Messe und feiern das Ende der Fastenzeit. Außerdem gibt es bei uns an Ostersonntag auch Ostereier, die meine Geschwister und ich suchen müssen, worauf wir immer noch voller Ungeduld warten.

1 Hier lesen Sie die Äußerungen mehrerer jungen Leute zum Thema „Oster-Tradition". Stellen Sie fest, wie diese die Oster-Tradition beurteilen: positiv (+), negativ (-) oder skeptisch (?).

Wir empfehlen Ihnen, sich an folgende Arbeitsschritte zu halten:

1. Schritt: Lesen Sie zuerst die Äußerungen. Unterstreichen Sie dabei alle Stellen, die eine positive oder eine negative Meinung bzw. einen Zweifel ausdrücken. Wichtig: Suchen Sie nur Meinungen zu der oben genannten Frage, nicht zu anderen Themen.

2. Schritt: Kreuzen Sie dann die richtige Lösung in der Tabelle an.

TIPP

skeptisch:
- Der Schreiber nennt positive und negative Seiten, entscheidet sich aber für keine.
- Der Schreiber nennt positive oder negative Seiten, hat aber gleichzeitig Zweifel an ihrer Richtigkeit.

	+	-	?
Stefan	X		
Jana			X
Marc			
Miriam			
Ariane			
Johannes			
Sabine			

2 Ordnen Sie nun die Redemittel aus den Meinungsäußerungen, die Sie unterstrichen haben, in die Tabelle ein.

	+	-
Stefan	Ostern ist bei uns immer ganz traditionell geregelt, was für mich von großer Bedeutung ist.	
Jana	Es wäre trotzdem auch schön, wenn wir die Sitten und Bräuche des Osterfests pflegen würden!	... doch mehr machen wir nicht, was eigentlich nicht besonders schlimm ist.
Marc		
Miriam		
Ariane		
Johannes		
Sabine		

Aufgabe 4

1 Sie erhalten den folgenden Text. Leider ist der rechte Rand unleserlich. Rekonstruieren Sie den Text, indem Sie jeweils das fehlende Wort an den Rand schreiben.

Wir empfehlen Ihnen, sich an folgende Arbeitsschritte zu halten:

1. Schritt: Lesen Sie zuerst die Beispiele. Lesen Sie dann jeden Satz mit Lücke einmal ganz.
2. Schritt: Unterstreichen Sie die Wörter, die im Zusammenhang mit dem fehlenden Wort stehen könnten.
3. Schritt: Überlegen Sie, in welcher Form das Wort eingesetzt werden muss.

Der Kampf mit den Buchstaben

Es ist still in der Klasse, nur ab und zu Gekicher. Melissa	liest	**01**
vor. „Heu-te ... r-e ... regnet es". Nur langsam fügt die 9-	jährige	**02**
Schülerin der Klasse 3 eine Silbe an die andere. Schließlich	____________	**1**
sie stumm. In vielen anderen Fächern, wie z.B. Mathematik,	____________	**2**
sie zwar zu den Besten, aber mit den Wörtern im Lesebuch	____________	**3**
sie sich nicht zurecht.		
Auch die Wörter, die sie schon mehrfach in ihrem Schulbuch	____________	**4**
hat, erscheinen ihr neu.		
Das Problem, unter dem Melissa und noch 4-6% der Schüler	____________,	**5**
ist dem Marburger Kinder- und Jugendpsychiater wohl	____________.	**6**
Kinder kämpfen nicht nur mit den Buchstaben,	____________	**7**
vor allem auch mit Vorurteilen.		
Oft werden sie entweder als dumm oder als faul	____________.	**8**
Eltern und Lehrer fordern ständig von ihnen, dass sie	____________	**9**
mehr anstrengen und mehr üben.		
Die Experten weisen jedoch darauf hin, dass es weder	____________	**10**
mangelndem Bemühen noch fehlendem Fleiß liegt, wenn ein Kind beim Erlernen des Schreibens oder Lesens versagt. Sind übrige intellektuelle Fähigkeiten normal entwickelt, sprechen Experten von einer Legasthenie.		

2 **Ergänzen Sie die Doppelkonjunktionen und je einen Beispielsatz, wenn möglich, aus dem Text oben.**

sowohl – als auch	10-20% der Kinder leiden sowohl unter Konzentrationsstörungen als auch unter dem Zappelphilipp-Syndrom.
zwar – ______	
nicht nur – ______ ______	
entweder – ______	
weder – ______	

3 **Ergänzen Sie die Präposition und einen Beispielsatz. Der Text hilft Ihnen!**

leiden unter	Heute leiden 4-6% der Kinder unter dem Problem der Legasthenie.
kämpfen ______	
bezeichnen ______	
hinweisen ______	
liegen ______	

3 Aufgabe 1

1 Auf der Suche nach der geeigneten Schule, einem interessanten Ausbildungsplatz oder einer Möglichkeit, sich weiterzubilden, schauen sich täglich Tausende von Menschen den Anzeigenteil der Tageszeitungen an.
Was glauben Sie, für welches der acht Angebote (A-H) würden sich die einzelnen Zeitungsleser (1-5) interessieren?
Es gibt jeweils nur eine richtige Lösung. Es ist möglich, dass nicht für jede Person ein passendes Angebot zu finden ist. Markieren Sie in diesem Fall „negativ".

Wir empfehlen Ihnen, sich an folgende Arbeitsschritte zu halten:

1. Schritt: Lesen Sie zuerst, welche Bedürfnisse und Interessen die Personen (1-5) haben. Unterstreichen Sie dabei die wichtigsten Informationen.
2. Schritt: Lesen Sie dann die Anzeigen (A-H) und suchen Sie diese nach den geforderten Informationen ab. Unterstreichen Sie dabei Wörter, die sich auf die Bedürfnisse und Interessen der Personen beziehen. Wenn Sie einen passenden Text gefunden haben, markieren Sie den entsprechenden Buchstaben neben der Person und streichen den Text durch.
3. Schritt: Tragen Sie die Lösungen in die Tabelle ein.

TIPP
Streichen Sie Text G, der dem Beispiel 01 zugeordnet ist, denn diesen Text dürfen Sie nicht mehr verwenden.

Aufgaben:

Welches der acht Angebote wäre wohl interessant für jede der folgenden Personen?

1. Herr M. möchte seine Englischkenntnisse verbessern, um im Beruf weiterzukommen.
2. Frau U. möchte eine Ausbildung zur Arzthelferin machen.
3. Herr und Frau O., beide berufstätig, suchen eine Schule für ihre beiden Kinder, in der sie den ganzen Tag untergebracht sind.
4. Herr P. fährt so gern Auto, dass er sich auch beruflich damit beschäftigen möchte.
5. Frau E. muss sich um ihre beiden kleinen Kinder kümmern und möchte deshalb von zu Hause aus ein Fernstudium machen.

Beispiele:

Welches der acht Angebote wäre wohl interessant für jede der folgenden Personen?
01 Herr L. möchte sich zum Heilpraktiker ausbilden lassen. **Lösung:** G
02 Frau W. träumt von dem Beruf der Kosmetikerin. **Lösung:** negativ

01	02	1	2	3	4	5
G	negativ					

A

Euro-Business-College München
Wir bieten Ihnen ein 3-jähriges kompaktes, international ausgerichtetes und praxisnahes Studium
- Internationales Management
- Tourismus- & Event-Management

Oberanger 16, 80331 München, Telefon 089 266076
www.muenchen.euro-business-college.de

B

inlingua – die Profis in Sprachkursen und Übersetzungen
Wir tun etwas für Ihre Karriere: Sprachtraining mit hochqualifizierten muttersprachlichen Trainern
Intensiv-Klubs: 3-5 Teilnehmer
Englisch, Französisch, Italienisch, Spanisch
Intensiv-Woche: 18.9. - 22.9.
Crash-Klub: 04.9. - 15.9.
Business-English: 25.9. - 29.9.
Info@inlingua-muenchen.de / www.inlingua-muenchen.de / Tel.: 089 231153-0

C

Schulverbund München
Eine Idee macht Schule – Ganztagsschulen mit Mittagstisch
Isar-Gymnasium, Isar-Realschule, Isar-Volksschule mit Isar-Kindergarten
Für jeden Schüler die richtige Schule!

www.schulverbund.de
Kohlstraße 5, 80469 München beim Isartor, Tel. 089 297029

D

In eine sichere Zukunft – Mit einem interessanten Beruf

Fahrlehrer/in-Ausbildung

Sind Sie 21 Jahre alt? Haben Sie 3 Jahre Fahrpraxis?
Dann können Sie Fahrlehrer werden! (10 Monate Ausbildung)

Martin-Luther-Str. 22, 81 539 München,
Tel. 089 6924409 13.00 - 18.30 Uhr

E

Unterstützung
bei Promotion/Habilitation
Finden der passenden Professur.

www.promotion-d.de
Tel.: 0681 7077689
West Promotionshilfe GmbH

F

MBA, Bachelor und Diplom – flexibel per Fernstudium
Studieren Sie von zu Hause aus und erlangen Sie einen staatlich anerkannten internationalen Abschluss:
- Diplom-Kaufmann/-Kauffrau (FH)
- Bachelor of Arts (Europäische BWL)
- Master of Business Administration (MBA)

Europäische Fernhochschule Hamburg, Doberaner Weg 20, 20143 Hamburg
Tel.: 040/67570-700, www.euro-fh.de

Aufgabe 1

G

Zentrum für Naturheilkunde
Aus- & Fortbildungszentrum für Naturheilkunde – Ernährung – Psychologie Heilpraktiker –
Spezielle Prüfungsvorbereitungen
Chinesische Medizin, Akupunktur

Reinhold Thoma, Hirtenstr. 26,
80335 München (direkt am Hauptbahnhof)
Tel.: 089- 545931-0, Fax: 089- 545931-99

H

Wir bieten ab Herbst an:

Ausbildung/Umschulung
zum/zur Physiotherapeuten/-in

sowie

Ausbildung/Umschulung
zum/zur Logopäden/-in

Anfragen bitte an:
GFEB medizinale Schulen München,
Würzburger Str. 4, 80686 München,
Telefon: 089/547179-0

2 Welche Schlüsselwörter aus den Beschreibungen der Personen und aus den Anzeigen haben Ihnen geholfen, die richtige Lösung zu finden?

Person	Bedürfnisse und Interessen	Weiterbildungsangebot
01	zum Heilpraktiker ausbilden	Aus- & Fortbildungszentrum / Heilpraktiker
02	Beruf der Kosmetikerin	-
1		
2		
3		
4		
5		

1 Bei dem folgenden Text handelt es sich um eine Studie. Lesen Sie den ersten Abschnitt des Textes und beantworten Sie folgende Fragen:

a) Wo wurde die Studie durchgeführt?
b) Mit welchen Personen?
c) Was war das Ergebnis der Studie?

Zu viel fernsehen macht Kinder krank

Je länger Kleinkinder in die Röhre schauen, desto häufiger fallen sie nach Erkenntnissen amerikanischer Forscher in den ersten Schuljahren durch Unruhe und Unaufmerksamkeit auf. Eine Studie mit 1300 Grundschulkindern in den Vereinigten Staaten zeigt einen direkten Bezug zwischen den Stunden, die Kleinkinder von ein bis drei Jahren fernsehen durften, und ihrem späteren Verhalten in der Schule auf.

Der Verband der Kinderärzte Amerikas empfiehlt Eltern, Kinder in den beiden ersten Lebensjahren nicht vor den Fernseher zu lassen. Zudem sollte vom dritten Lebensjahr an die Zeit vor der Flimmerkiste auf zwei Stunden beschränkt werden.

Der Studie zufolge sind Kinder mit dem häufigsten Fernsehkonsum unter jenen zehn Prozent der Schulanfänger zu finden, die die meisten Probleme mit Konzentrationsstörungen, Impulsivität und Unruhe haben.

Das Risiko für Probleme mit der Aufmerksamkeit wächst mit jeder Fernsehstunde pro Tag um zehn Prozent. Siebenjährige, die als Kleinkinder drei Stunden vor dem Fernseher saßen, sind 30 Prozent mehr gefährdet als andere, die erst später in die Röhre schauen durften.

Die Neuropsychologin Elizabeth Sowell von der Universität von Kalifornien in Los Angeles erklärt den Zusammenhang mit der schnellen Entwicklung des kindlichen Hirns in den ersten Lebensjahren. Von Tierstudien her sei bekannt, dass eine stimulierende Umgebung Veränderungen im jungen Hirn mit sich bringt. Das Gleiche sei möglich durch die schnelle Folge der Fernsehbilder bei Kleinkindern, vermutet die Expertin.

Das Fernsehen wird zudem für den Schlafmangel vieler amerikanischer Kinder verantwortlich gemacht. Den Kindern in den USA fehlt eine bis zwei Stunden Schlaf pro Nacht. Von dem Schlafmangel betroffen sind bereits Babys bis hin zu Zehnjährigen. In 30 bis 40 Prozent der 1473 untersuchten Haushalte steht ein eigener Fernseher im Kinderzimmer. Diese Kinder schlafen im Durchschnitt 20 Minuten weniger als ihre Altersgenossen.

3 Aufgabe 2

2 Lesen Sie nun den ganzen Text. Entscheiden Sie, welche der Antworten (a oder b) passt. Es gibt jeweils nur eine richtige Lösung.

Wir empfehlen Ihnen, sich an folgende Arbeitsschritte zu halten:

1. Schritt: Lesen Sie die Fragen bzw. Teilsätze, mit denen die Aufgaben beginnen.
2. Schritt: Überfliegen Sie einmal den Text und suchen Sie die Stellen, die dazu Auskunft geben. Notieren Sie am Textrand die Nummern der Aufgaben.
3. Schritt: Lesen Sie nun die Aufgaben ganz und parallel dazu die entsprechenden Textstellen. Entscheiden Sie, ob a oder b richtig ist.

Beispiel:

(0) Was empfehlen amerikanische Kinderärzte?

[x] a Kinder sollten erst ab dem dritten Lebensjahr fernsehen.
[ ] b Kinder sollten erst ab dem zweiten Lebensjahr fernsehen.

1. 10% der Schulanfänger

[ ] a sehen zu viel fern.
[ ] b haben Probleme mit Konzentrationsstörungen, Impulsivität und Unruhe.

2. Die Probleme in der Schule treten häufiger auf bei Kindern,

[ ] a die als Kleinkind täglich viel fernsahen.
[ ] b die als Siebenjährige täglich mehr als drei Stunden fernsahen.

3. Was ist durch Tierstudien bekannt?

[ ] a Dass sich bei jungen Kindern das Hirn durch die schnelle Folge der Fernsehbilder verändert.
[ ] b Dass sich bei jungen Tieren das Hirn durch eine stimulierende Umgebung verändert.

4. Wie wirkt sich das Fernsehen auf das Schlafen aus?

[ ] a Kinder ohne eigenen Fernseher schlafen 20 Minuten länger als Kinder mit Fernseher.
[ ] b Kinder mit eigenem Fernseher schlafen durchschnittlich 20 Minuten zu wenig.

5. In Amerika haben

[ ] a die Kinder in 1 473 Haushalten einen eigenen Fernseher.
[ ] b ca. ein Drittel der Kinder einen eigenen Fernseher.

Den ganzen Tag in der Schule?

Aus persönlicher Erfahrung plädiere ich für die Ganztagsschule. Ich bin nämlich seit der ersten Klasse auf einer Ganztagsschule und habe durchaus positive Erlebnisse. Besonders hilfreich finde ich, dass es zu jedem Fach noch eine Freiarbeitsstunde gibt, in der wir die Hausaufgaben für das jeweilige Fach erledigen können. So habe ich am Nachmittag frei und treffe mich mit Freunden. Deswegen fühle ich mich nicht ausgeschlossen.

Caroline, 17 Jahre

Die Ganztagsschule an sich finde ich eine hervorragende Idee. Doch wenn alle so schlecht ausgerüstet sind wie die in meinem Stadtviertel, dann hat die Ganztagsschule wenig Chancen auf Erfolg. Der Zugang zum Internet und Computerspiele sind von großer Bedeutung für Jugendliche. Und warum auch nicht? Eine Ganztagsschule ist wie ein zweites Zuhause und deshalb sollte man darauf achten, dass man sich dort auch heimisch fühlen kann.

Thomas, 17 Jahre

Von der neuen „Mode" der Ganztagsschule bin ich noch nicht überzeugt! Einerseits hätten die jüngeren Schüler keine Zeit mehr zum Spielen, was die Entwicklung ihrer Persönlichkeit negativ beeinflussen könnte. Andererseits könnten sich die älteren Schüler in den letzten Stunden nicht konzentrieren. Selbstverständlich wäre der zusätzliche Unterricht am Samstag eine Lösung, dafür müsste man aber auch ein bisschen länger Ferien haben.

Dorothea, 16 Jahre

Aufgabe 3

Ich bin für Ganztagsschulen, weil die Lehrer mehr Zeit für uns haben, was auch pädagogisch vorteilhaft ist. Vorurteile dagegen entstehen aber aus guten Gründen: Es gibt nämlich keine Kantine, in der man eine warme Mahlzeit bekommt. Unter den heutigen Umständen essen die Schüler, die mit dem Bus nach Hause fahren müssen, in der Mittagspause Fast Food.

Linda, 15 Jahre

Mit der Idee der Ganztagsschule bin ich eigentlich völlig einverstanden. Da meine Eltern beide berufstätig sind, steht ihnen abends kaum Zeit zur Verfügung, um mir bei den Hausaufgaben zu helfen. Um die Wahrheit zu sagen, sollte das sowieso nicht ihre Aufgabe sein; sie sind doch meine Eltern, nicht meine Lehrer. Wenn ich auf eine Ganztagsschule gehen würde, hätte ich abends alles schon erledigt.

Selina, 16 Jahre

Ich halte nicht viel von Ganztagsschulen. Denn ich bin fest davon überzeugt, dass sie die Zeit für die Aktivitäten außerhalb der Schule nehmen. Man könnte das Problem auch anders lösen, zum Beispiel durch gezielte Förderung und Hausaufgabenbetreuung für Kinder berufstätiger Eltern.

Andreas, 17 Jahre

Den ganzen Tag Schule? Auf gar keinen Fall! Meiner Ansicht nach bekommt man den Lernstoff auch durch, wenn die Lehrer mehr in ihren Stunden machen. Unheimlich wichtig finde ich auch, nachmittags mit Freunden auszugehen, mit denen ich mich verabredet habe, und nicht meinen ganzen Tag mit Kindern aus der Ganztagsschule zu verbringen!

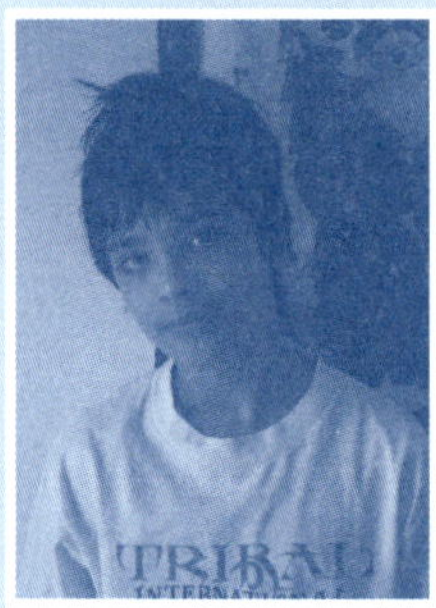

Frederic, 15 Jahre

1 Hier lesen Sie die Äußerungen mehrerer Schüler zum Thema „Ganztagsschule". Stellen Sie fest, wie diese Ganztagsschulen beurteilen: positiv (+), negativ (-) oder skeptisch (?).

Wir empfehlen Ihnen, sich an folgende Arbeitsschritte zu halten:

1. Schritt: Lesen Sie zuerst die Äußerungen. Unterstreichen Sie dabei alle Stellen, die eine positive oder eine negative Meinung bzw. einen Zweifel ausdrücken. Wichtig: Suchen Sie nur Meinungen zu der oben genannten Frage, nicht zu anderen Themen.

2. Schritt: Kreuzen Sie dann die richtige Lösung in der Tabelle an.

TIPP

skeptisch:
- Der Schreiber nennt positive und negative Seiten, entscheidet sich aber für keine.
- Der Schreiber nennt positive oder negative Seiten, hat aber gleichzeitig Zweifel an ihrer Richtigkeit.

	+	-	?
Caroline	X		
Thomas			
Dorothea			
Linda			
Selina			
Andreas			
Frederic			

2 Ordnen Sie nun die Redemittel aus den Meinungsäußerungen, die Sie im Text unterstrichen haben, in die Tabelle ein.

	+	-
Caroline	- ... plädiere ich für die Ganztagsschule. - ... habe durchaus positive Erlebnisse - Besonders hilfreich finde ich, ...	
Thomas		
Dorothea		
Linda		
Selina		
Andreas		
Frederic		

Aufgabe 4

1 Sie erhalten den folgenden Text. Leider ist der rechte Rand unleserlich. Rekonstruieren Sie den Text, indem Sie aus den zwei Vorschlägen jeweils den passenden aussuchen und unterstreichen.

Wir empfehlen Ihnen, sich an folgende Arbeitsschritte zu halten:

1. Schritt: Lesen Sie zuerst die Beispiele. Lesen Sie dann jeden Satz mit Lücke einmal ganz.
2. Schritt: Unterstreichen Sie die Wörter, die im Zusammenhang mit dem fehlenden Wort stehen könnten.
3. Schritt: Überlegen Sie, welches Wort passt und unterstreichen Sie es in der rechten Spalte.

Warum ich dich trotzdem liebe

Lea, 18, Abiturientin, möchte ihr Zimmer zur mutterfreien Zone erklären

Meine Mami und ich haben das gleiche Sternzeichen,		
Widder, und beide einen Dickschädel. Sie kommt	aus / von	01
Hamburg und ich bin in Brasilien geboren. Deshalb		
haben wir zwei Dauerkonflikte: Pünktlichkeit	mit / und	02
Ordnung. Sie ist typisch deutsch und immer 5 Minuten	zu / am	1
früh, ich dagegen bin immer zu spät. Sie ist der Typ,	dessen / der	2
mit der Hand die Krümel vom Teppich aufpickt, ich	habe / bin	3
ganz normal. Mein Zimmer sieht so aus, wie Zimmer	von / den	4
18-Jährigen halt so aussehen. Immer wenn ich nicht	da / gewesen	5
bin, räumt sie es auf. Was heißt aufräumen? Sie		
schmeißt alles weg, was nicht zu ihrem Ordnungssinn	passt / eignet .	6
Ich raste dann aus. Manchmal stehen wir uns wütend	dagegen / gegenüber ,	7
und dann geht gar nichts mehr. „Du hast mich ja		
ausgesucht", sage ich dann, „während ich keine Wahl		
hatte." Ein ziemlich böser Satz, weil sie dann jedes	Merkmal / Mal	8
ganz feuchte Augen kriegt. „Ich hätte dich in jedem	Vorgang / Fall	9
genommen, du dummes Kind", sagt sie. Und weil	ich / man	10
weiß, dass das stimmt, darum liebe ich sie trotzdem.		

1 **Bücher sind ein beliebtes Weihnachtsgeschenk. Um sich zu informieren, welche Titel neu auf dem Markt sind, bieten viele Zeitschriften unter der Rubrik „Kultur" Kurzbeschreibungen der neuesten Bücher an.**
Was glauben Sie, für welches der acht Bücher (A-H) würden sich die einzelnen Personen (1-5) interessieren?
Es gibt jeweils nur eine richtige Lösung. Es ist möglich, dass nicht für jede Person ein passendes Buch zu finden ist. Markieren Sie in diesem Fall „negativ".

Wir empfehlen Ihnen, sich an folgende Arbeitsschritte zu halten:

1. Schritt: Lesen Sie zuerst, welche Bedürfnisse und Interessen die Personen (1-5) haben. Unterstreichen Sie dabei die wichtigsten Informationen.
2. Schritt: Lesen Sie dann die Beschreibungen der Bücher (A-H) und suchen Sie diese nach den geforderten Informationen ab. Unterstreichen Sie dabei Wörter, die sich auf die Bedürfnisse und Interessen der Personen beziehen. Wenn Sie einen passenden Text gefunden haben, markieren Sie den entsprechenden Buchstaben neben der Person und streichen den Text durch.
3. Schritt: Tragen Sie die Lösungen in die Tabelle ein.

TIPP
Streichen Sie Text E, der dem Beispiel 01 zugeordnet ist, denn diesen Text dürfen Sie nicht mehr verwenden.

Aufgaben:

Welches der acht Bücher wäre wohl interessant für jede der folgenden Personen?
1. Dietrich möchte seiner Frau, die ihren Gemüsegarten über alles liebt, ein geeignetes Buch schenken.
2. Olafs Großeltern suchen nach einem schönen Kinderbuch für ihren achtjährigen Enkel.
3. Elke möchte ihrer Freundin helfen, eine geeignete Diät zu finden.
4. Tim weiß, dass sein Freund am liebsten Krimis liest.
5. Heike weiß, dass sie ihren Verlobten mit einer Fantasiegeschichte erfreuen kann.

Beispiele:

Welches der acht Bücher wäre wohl interessant für jede der folgenden Personen?
01 Verena D. sucht für ihre Freundin, die einen 5-köpfigen Haushalt führt, einen praktischen Ratgeber.
Lösung: E
02 Herr und Frau E. möchten ihrer frisch verheirateten Tochter ein Rezeptbuch schenken.
Lösung: negativ

01	02	1	2	3	4	5
E	negativ					

A

Schlank und fit ohne Diät
Ein ausführlicher Ratgeber rund um Ernährung, Bewegung und Psyche. Es werden die gängigsten Diäten erläutert und beurteilt sowie vermeintliche Wundermittel unter die Lupe genommen. Dazu gibt es einen umfangreichen Rezeptteil und Gymnastikübungen.
(Friedrich Bohlmann, Gräfe und Unzer Verlag, Preis: 14,90 Euro)

Aufgabe 1

B

Die entführte Prinzessin
Willkommen im Nordreich des Königs Rothafur, der in seinem Schloss aus Holz über ein zerlumptes Volk herrscht. In Rothafurs unwirtliche Hallen wagt sich ein baskarischer Prinz. Er will der Prinzessin Lisvana einen Heiratsantrag machen, obwohl sie auf der Liste der heiratsfähigen Töchter ganz unten steht. Warum? Ein teuflisch gut erzählter Fantasy-Roman für Erwachsene mit Entführung, Rache und Intrigen.

(Karen Duve, Eichborn Berlin, 24,90 Euro)

C

Der Handschuh
Aus Friedrich Schillers berühmter Ballade vom Handschuh hat Jacky Gleich mit herrlichen Illustrationen ein Bilderbuch für die neue Buchreihe des Kindermann Verlags: „Poesie für Kinder“ gemacht. Der Stoff bietet alles, was eine spannende Geschichte braucht (Löwen, Leoparden, Ritterfräulein) und ist nicht umsonst ein unvergessliches Stück deutscher Dichtung. Dieses Buch eignet sich hervorragend zum Vorlesen und Immer-wieder-Anschauen für kleine und große Kinder ab sieben.

(Friedrich Schiller, Kindermann Verlag, 14,50 Euro)

D

Zwischen der Sehnsucht des Sommers und der Kälte des Winters
Selbstmord. Was sonst? Das Fenster im 15. Stock des Studentenwohnheims offen, ein amerikanischer Journalist tot darunter, keine Anzeichen von Gewalt im Zimmer, dazu ein seltsamer Abschiedsbrief. Niemand in den Kreisen der Stockholmer Polizei zweifelt daran, dass John P. Krassner seinem Leben freiwillig ein Ende gesetzt hat, auch nicht Kriminaldirektor Lars M. Johansson. Bis ein Schuh, der dem Toten nachgeflogen ist, genauer untersucht wird. Spannend, richtig gut und schonungslos hart.

(Leif GW Persson, Ü: Gabriele Haefs, btb, 22,90 Euro)

E

Hausfrauen aller Länder, habt Spaß!
Genervt vom ewigen Bügeln und Staubsaugen? Vielleicht fehlt Ihnen nur etwas Fantasie. Die moderne Hausfrau jedenfalls genießt sogar das Fliesenschrubben. Dank eines sexy Outfits, der richtigen Einstellung und anderer kleiner Tricks. Ein erstaunlicher Ratgeber für geistreiche Hausfrauen und die, die es werden wollen.

(Petra Perle, Heyne, 12,90 Euro)

F

Kunst- und Lustgärtnerei
Aus Blumen und anderem Grün originelle Kunstobjekte zu kreieren ist nicht einfach. Die Floristen Claudia Wörner und Martin Weimar allerdings beherrschen das perfekt: sie „nähen“ Graskleider, ziehen Studentenblumen auf Sesselpolstern, verwandeln Boote in Blütenmeere. Ein ideales Weihnachtsgeschenk für Flora- & Fauna-Fans.

(Claudia Wörner und Martin Weimar, Kunst- und Lustgärtnerei, 45 Euro)

G

Geister flüchten nie vor Psychologen

Kaum ein Mieter hält es länger als ein paar Nächte im Haus aus. Zu unheimlich sind Geräusche, Irrlichter, eisige Luftzüge und Berührungen von unsichtbarer Hand in den alten Mauern der viktorianischen Villa. Für die Parapsychologen Sally und David also genau das richtige Forschungsobjekt. Mit Kamera und Tonbandgerät versuchen sie, dem Spuk auf die Spur zu kommen. Doch schließlich packt die Wissenschaftler selbst die Angst, denn das Haus gewinnt Macht über sie. Feinster Grusel perfekt inszeniert.

(Judith Hawkes, Wunderlich, 20 Euro)

H

Die Gesetze der Gewinner

In seinem neuen Buch stellt der Bestsellerautor ein 30-Tage-Programm vor, das allen helfen soll, die Grundprinzipien des Erfolgs in ihrem Leben anzuwenden. Der Leser soll wichtige Strategien entdecken, mit denen er in jeder Lebenslage seine Ziele erreichen kann. Der Autor ermuntert seine Leser dazu, durchzustarten und ein Gewinner zu werden.

(Bodo Schäfer, Frankfurter Allgemeine Zeitung, 19,90 Euro)

2 Welche Schlüsselwörter aus den Beschreibungen der Personen und der Bücher haben Ihnen geholfen, die richtige Lösung zu finden?

Person	Interessen	Buch
01	Haushalt, praktischen Ratgeber	Hausfrauen / Ratgeber für geistreiche Hausfrauen
02	Rezeptbuch	-
1		
2		
3		
4		
5		

1 Lesen Sie den ersten Abschnitt des Textes und beantworten Sie folgende Fragen:

a) An wen wendet sich der Text?
b) Welche Voraussetzungen müssen Interessierte erfüllen?
c) Wo können die Jugendlichen tätig sein?

Die Umwelt gewinnt

Immer mehr Jugendliche stellen sich die Frage, was unmittelbar nach dem Schulabschluss kommt. Besonders attraktiv ist für viele junge Leute das aktive Engagement für Umwelt und Naturschutz. Seit 1993 gibt es das Freiwillige Ökologische Jahr (FÖJ) und das Freiwillige Soziale Jahr (FSJ). Für ein FÖJ oder ein FSJ kann sich bewerben, wer zwischen 16 und 27 Jahre alt ist und einen Schulabschluss hat. Der Vertrag wird in der Regel über zwölf Monate abgeschlossen. FÖJ-ler und FSJ-ler erhalten mindestens 150 Euro pro Monat, hinzu kommen Zuschüsse für Unterkunft und Verpflegung. Wer ein FÖJ macht, wird zum Beispiel auf ökologischen Bauernhöfen, in Umweltämtern oder Nationalparks eingesetzt. Das FSJ kann man in Alten- und Pflegeheimen, Einrichtungen für Behinderte, Kindertagesstätten oder Ähnlichem ableisten.

Von 2002 bis 2011 konnten junge Männer ein FÖJ oder ein FSJ als Alternative zu Wehr- oder Zivildienst wählen. Damit ist es allerdings seit der Abschaffung der Wehrpflicht vorbei.

Vorteile bietet ein FSJ- oder ein FÖJ-Jahr aber weiterhin für angehende Studenten. Wird nämlich einem Bewerber innerhalb dieses Jahres ein Studienplatz zugewiesen, wird er bei einer erneuten Studienbewerbung nach Beendigung des Dienstes anderen Bewerbern vorgezogen. Die Bestimmungen der gesetzlich geregelten Freiwilligendienste sehen auch vor, dass bei der Auswahl nach Wartezeit die FSJ- bzw. FÖJ-Zeit als Wartezeit zählt.

Es gibt auch Fälle, in denen die Hochschulen die Dienstzeit beim FSJ oder FÖJ als Praktikum anrechnen, sollten die Bewerber einen entsprechenden Studiengang wählen.

So steigt die Zahl der Bewerber für die attraktiven Freiwilligendienste ständig. Die insgesamt 1870 Plätze verteilen sich auf Einsatzfelder in Forschung, Landwirtschaft, Naturschutzverbänden oder Umweltbildung.

Während man auf einem Biohof auch mal Kühe melken oder Schafe hüten muss, geht es bei den „Waldwurzelzwergen“ in Beulich an der Mosel beispielsweise um Kinderbetreuung und Umwelterziehung. Auch Einsätze im Ausland sind möglich. So können zum Beispiel Technikbegeisterte an Schulen in Tansania Kenntnisse über die Nutzung von Solartechnologien vermitteln. Oder man kann, wie Pascal Sailer, mit regenerativen Energien arbeiten. In einem Betrieb für Solartechnik kann er bereits Kontakte mit anderen Unternehmen in diesem Bereich knüpfen.

Ergänzend zur praktischen Arbeit ist eine pädagogische Begleitung der Teilnehmer vorgesehen. Neben der individuellen Betreuung gehört hierzu insbesondere die Seminararbeit. Bei einem zwölfmonatigen FSJ oder FÖJ sind fünfundzwanzig Seminartage verpflichtend, davon fallen je fünf Tage auf ein Einführungs-, ein Zwischen- und ein Abschlussseminar. Die Teilnehmer können aus einer Reihe von Leitthemen Schwerpunkte auswählen. Workshops, Zukunftsarbeit oder Exkursionen runden die Seminare ab, die neben der Vermittlung von theoretischem Wissen auch Berufsorientierung für den Bereich Umwelt- und Naturschutz bieten.

Wie die meisten anderen Freiwilligen ist auch Pascal Sailer in seinem Betrieb vollständig in den Arbeitsprozess eingebunden. Er bereitet beispielsweise Präsentationen für Vorträge seines Chefs vor oder schreibt Bewerbungen des Unternehmens für ausgeschriebene Umweltpreise. Dadurch, dass er bei Messen, Betriebsführungen und Kundengesprächen dabei sein darf, hat er schon viel über Solartechnik gelernt.

2 **Lesen Sie nun den ganzen Text. Entscheiden Sie, welche der Antworten (a, b oder c) passt. Es gibt jeweils nur eine richtige Lösung.**

Wir empfehlen Ihnen, sich an folgende Arbeitsschritte zu halten:

1. Schritt: Lesen Sie die Fragen bzw. Teilsätze, mit denen die Aufgaben beginnen.
2. Schritt: Überfliegen Sie einmal den Text und suchen Sie die Stellen, die dazu Auskunft geben. Notieren Sie am Textrand die Nummern der Aufgaben.
3. Schritt: Lesen Sie nun die Aufgaben ganz und parallel dazu die entsprechenden Textstellen. Entscheiden Sie, ob a, b oder c richtig ist.

Beispiel:

(0) Welche Leistungen erhalten FÖJ-ler und FSJ-ler?

[x] a Sie erhalten normalerweise einen einjährigen Vertrag.
[ ] b Sie erhalten kostenlos Unterkunft und Verpflegung.
[ ] c Sie erhalten durchschnittlich 150 Euro pro Monat.

1. Ein FÖJ oder ein FSJ

[ ] a zählt nicht als Wartezeit für Studienplätze.
[ ] b hilft dem Studenten, sich für ein Studienfach zu entscheiden.
[ ] c wird von manchen Unis als Praktikum gewertet.

2. Wer ein FÖJ oder ein FSJ macht,

[ ] a muss sich um Tiere und Kinder kümmern.
[ ] b muss auch im Ausland arbeiten.
[ ] c muss eine praktische Tätigkeit ausüben.

3. Während des FÖJ oder des FSJ

[ ] a kümmern sich Pädagogen um die Teilnehmer.
[ ] b macht man drei Seminare an 25 Tagen.
[ ] c muss man Exkursionen machen.

4. Was gehört zu Pascal Sailers Aufgaben?

[ ] a Er muss Vorträge halten.
[ ] b Er bewirbt sich für seine Firma um Umweltpreise.
[ ] c Er führt Gespräche mit Kunden.

Liebeskummer

Liebeskummer ist doch bloß eine Zeitverschwendung. Entweder vergisst man das Mädchen, weil sie es einfach nicht wert war, sich in sie zu verlieben. Oder man startet einen erneuten Annäherungsversuch und entscheidet dann, wie es weitergeht.

Nils, 16 Jahre

Zum Glück hatte ich noch nie Liebeskummer, denn da macht man wohl wirklich eine harte Zeit durch. Wenn ich welchen hätte, würde ich zu einer Freundin gehen und lange mit ihr reden. Manchmal tut es gut, einen Verbündeten zu haben. In diesem Sinn lohnt sich Liebeskummer schon. Man sucht und findet Verbündete.

Marise, 14 Jahre

Ich glaube, gegen Liebeskummer gibt es kein Mittel, das wirkt. Jeder, den es erwischt hat, muss da durch. Ich finde Liebeskummer sogar wichtig. Man sollte dieses Gefühl unbedingt ausleben, sonst kommt es irgendwann wieder hoch. Liebeskummer hilft, einen Schlussstrich unter die Sache zu ziehen.

Laura, 18 Jahre

Liebeskummer lohnt sich einfach nicht. Er ist ein schreckliches Gefühl, das man am besten schnell wieder los wird. Am besten gelingt einem das, wenn man so richtig sauer ist. Man sollte den Kummer durch Wut ersetzen. Es gibt ja nicht nur die eine auf der Welt.

Mirco, 17 Jahre

Liebeskummer bringt mich in keiner Weise weiter. Es ist doch einfach nur ein doofes Gefühl. Wenn ich Liebeskummer habe, versuche ich meine Gefühle zu verdrängen. Am besten gelingt mir das, wenn ich laut Musik höre.

Tim, 15 Jahre

Ich glaube, man sollte seinen Schmerz nutzen, um einmal über sich nachzudenken. Man sollte versuchen, den Grund herauszufinden, warum es nicht geklappt hat. Sonst macht man das nächste Mal denselben Fehler. Nur in diesem Sinne kann Liebeskummer sogar eine große Hilfe sein; sonst kann man damit wirklich nichts anfangen.

Lea, 17 Jahre

1 **Hier lesen Sie die Äußerungen mehrerer Jugendlicher zum Thema „Liebeskummer". Stellen Sie fest, wie diese Liebeskummer beurteilen: positiv (+), negativ (-) oder skeptisch (?).**

Wir empfehlen Ihnen, sich an folgende Arbeitsschritte zu halten:

1. Schritt: Lesen Sie zuerst die Äußerungen. Unterstreichen Sie dabei alle Stellen, die eine positive oder eine negative Meinung bzw. einen Zweifel ausdrücken. Wichtig: Suchen Sie nur Meinungen zu der oben genannten Frage, nicht zu anderen Themen.

2. Schritt: Kreuzen Sie dann die richtige Lösung in der Tabelle an.

TIPP

skeptisch:
- Der Schreiber nennt positive und negative Seiten, entscheidet sich aber für keine.
- Der Schreiber nennt positive oder negative Seiten, hat aber gleichzeitig Zweifel an ihrer Richtigkeit.

	+	-	?
Nils		X	
Marise			
Laura			
Mirco			
Tim			
Lea			

2 **Ordnen Sie nun die Redemittel aus den Meinungsäußerungen, die Sie im Text unterstrichen haben, in die Tabelle ein.**

	+	-
Nils		Liebeskummer ist doch bloß eine Zeitverschwendung.
Marise		
Laura		
Mirco		
Tim		
Lea		

Aufgabe 4

1 Sie erhalten den folgenden Text. Leider ist der rechte Rand unleserlich. Rekonstruieren Sie den Text, indem Sie aus den drei Vorschlägen jeweils den passenden aussuchen und unterstreichen.

Wir empfehlen Ihnen, sich an folgende Arbeitsschritte zu halten:

1. Schritt: Lesen Sie zuerst die Beispiele. Lesen Sie dann jeden Satz mit Lücke einmal ganz.
2. Schritt: Unterstreichen Sie die Wörter, die im Zusammenhang mit dem fehlenden Wort stehen könnten.
3. Schritt: Überlegen Sie, welches Wort passt und unterstreichen Sie es in der rechten Spalte.

Nächtliche Unruhe

Unterhaltungselektronik im Kinderzimmer hindert den Nachwuchs	dagegen / daran / darauf ,	01
ruhig zu schlafen. Wie eine britische Studie an 1000 Teenagern	im / bis / vom	02
Alter von 12 bis 16 Jahren belegt, schlafen Jugendliche häufig	aus / ein / durch ,	1
während Musik spielt, der Fernseher oder der Computer	geht / spielt / läuft .	2
So wachen sie nachts immer wieder auf und kämpfen tagsüber mit	die / dem / der	3
Müdigkeit.		
Dieser oberflächliche Schlaf wird von Forschern als „junk sleep“	benannt / bezeichnet / gesagt	4
und ist äußerst störanfällig. Insgesamt beträgt die Schlafdauer	der / von / die	5
Kinder vier bis sieben Stunden pro Nacht. Mediziner empfehlen	für / bei / in	6
diese Altersgruppe in der Regel acht bis neun Stunden, um Körper	mit / und / oder	7
Gehirn die nötige Erholung zu geben. Fast alle Jugendlichen	gaben / nahmen / boten	8
an, ein Handy, eine Musikanlage oder einen eigenen Fernseher	- / zu / selbst	9
besitzen. Zwei Drittel verfügten über alle drei Geräte in ihrem	Zimmer / Wohnung / Unterkunft.	10

Aufgabe 1 5

1 **Das Fernsehen gehört für die meisten Menschen zu den beliebtesten Freizeitbeschäftigungen und dient besonders in den Abendstunden und am Wochenende der Entspannung und Unterhaltung, aber auch der Bildung.**
Was glauben Sie, für welche der acht Fernsehsendungen (A-H) würden sich die einzelnen Personen (1-5) interessieren?
Es gibt jeweils nur eine richtige Lösung. Es ist möglich, dass nicht für jede Person eine passende Sendung zu finden ist. Markieren Sie in diesem Fall „negativ".

Wir empfehlen Ihnen, sich an folgende Arbeitsschritte zu halten:

1. Schritt: Lesen Sie zuerst, welche Interessen die Personen (1-5) haben. Unterstreichen Sie dabei die wichtigsten Informationen.

2. Schritt: Lesen Sie dann die Beschreibungen der Fernsehsendungen (A-H) und suchen Sie diese nach den geforderten Informationen ab. Unterstreichen Sie dabei Wörter, die sich auf die Interessen der Personen beziehen. Wenn Sie einen passenden Text gefunden haben, markieren Sie den entsprechenden Buchstaben neben der Person und streichen den Text durch.

3. Schritt: Tragen Sie die Lösungen in die Tabelle ein.

TIPP
Streichen Sie Text D, der dem Beispiel 02 zugeordnet ist, denn diesen Text dürfen Sie nicht mehr verwenden.

Aufgaben:

Welche der acht Fernsehsendungen würde wohl jede der acht folgenden Personen wählen?

1. Der 18-jährige Karl-Heinz interessiert sich für Filme mit Gleichaltrigen.
2. Alles, was mit Raketen und Weltraum zu tun hat, fasziniert Frauke.
3. Herr und Frau Beier gehen gern ins Kabarett oder sehen entsprechende Sendungen im Fernsehen.
4. Herr und Frau Weber möchten sich durch Dokumentarsendungen über andere Länder weiterbilden.
5. Dramatische Liebesfilme sieht Ute am liebsten.

Beispiele:

Welche der acht Fernsehsendungen würde wohl jede der acht folgenden Personen wählen?

01 Volker sieht am Samstag Abend am liebsten Sportsendungen. **Lösung:** negativ

02 Ulla verfolgt gern Krimis im Fernsehen. **Lösung:** D

01	02	1	2	3	4	5
negativ	D					

A

Krankenhaus Lichtenberg
Montag bis Freitag, 18.00 Uhr, Sat 1
Die neue Doku-Serie berichtet vom Alltag in der Klinik: Die Patienten reden vom Tod, ihre Angehörigen wollen davon nichts hören, und die Ärzte bemühen sich, Verständnis zu zeigen und Trost zu spenden. Eine Schwester zeigt lächelnd ihre Tätowierung, und der Koch muss jeden Tag Rührei und Soljanka zubereiten.

B

Lola rennt

Donnerstag, 20.45 Uhr, Arte

Vielleicht ist das die einfachste Filmhandlung der Welt: Jemand läuft um sein Leben. Es gilt, das zu retten, was den Sinn dieses Lebens ausmacht, also den einzig geliebten Menschen. Es gilt anzurennen gegen die Gleichgültigkeit der Welt, gegen die Uhr, gegen den Tod. Jede Sekunde zählt in diesem Wettlauf, und jedes Hindernis ist ein Zeichen des Bösen, der nun offenbar nicht mehr abwendbaren Katastrophe.

C

Oi! Warning

Donnerstag, 23.00 Uhr, ARD

Oi! Warning (1999) erzählt eine klassische Coming-of-Age-Geschichte. Der 17-jährige Janosch haut aus seinem bürgerlichen Elternhaus am Bodensee ab und fährt zu seinem heimlichen Vorbild ins Ruhrgebiet. Koma ist in der Skin-Szene aktiv, sammelt Trophäen als Amateurboxer und nimmt Janosch unter seine Fittiche. Der bemüht sich, bei den Männlichkeitsriten der Glatzen mitzuhalten und brüllt bei Konzerten eifrig „Oi! Oi!", jenen Schlachtruf der Szene, der für Spaß am Saufen, Feiern und Prügeln steht. Aber bald lockt ihn die unbekümmerte Freiheit und Freundlichkeit eines Feuer schluckenden Punks.

D

Tatort: Zielscheibe

Samstag, 20.15 Uhr, ARD

Bei dem Fall, den „Tatort"-Kommissar Max Palu diesmal lösen muss, geht es um den Mord an einer Fernsehmoderatorin, die in ihrer Show zur Jagd auf einen serbischen Kriegsverbrecher geblasen hatte.

E

Das Traumschiff

Sonntag, 20.15 Uhr, ZDF

Seit nunmehr 20 Jahren schaukelt das ZDF-Trostboot seine Zuschauer durch eine heile Welt. Liebe, Landausflüge und drei warme Mahlzeiten pro Tag gehören zu den Menschenrechten an Bord der „MS Deutschland". In der Jubiläumsfolge darf nun endlich auch mal die Crew um die rüstige Chefstewardess Beatrice, Schiffsarzt Dr. Schröder und Kapitän Paulsen ihren Spaß haben.

F

2010 – Das Jahr, in dem wir Kontakt aufnahmen

Freitag, 22.25 Uhr, 3 Sat

Im Jahre 2010 startet ein Team amerikanischer und sowjetischer Wissenschaftler in den Weltraum, um zu ergründen, warum die „Discovery"-Mission neun Jahre zuvor unter rätselhaften Umständen scheiterte. Während auf der Erde fast der dritte Weltkrieg ausbricht, versuchen die Forscher, hinter das Geheimnis des schwarzen Monolithen im Jupiter-Orbit zu kommen, und erleben ein kosmisches Wunder. Peter Hyams' aufwändiger Science-Fiction-Film ist die Fortsetzung von Stanley Kubricks Weltraum-Epos „2001: Odyssee im Weltraum".

G

Der Sonne entgegen
Freitag, 9.00 Uhr, WDR
Nach einer Notlandung im mexikanischen Urwald finden der Schriftsteller Mike Latimer und die Reporterin Katy Connors bei drei Deutschen Unterschlupf, die sich als Archäologen ausgeben. Mike findet heraus, dass sie gesuchte Nazi-Kriegsverbrecher sind, die kein Interesse daran haben, dass ihr Unterschlupf bekannt wird und deswegen vor nichts zurückschrecken.

H

Ottis Schlachthof – Das Beste
Samstag, 22.30 Uhr, Bayern
Die Highlights der letzten Jahre aus Kabarett, Stammtisch und Musik werden gezeigt: Renommierte Kabarettisten, schlagfertige Comedians und schräge Musiker lassen relevante Themen aus Politik, Gesellschaft und Sport Revue passieren.

2 Welche Schlüsselwörter aus den Beschreibungen der Personen und der Fernsehsendungen haben Ihnen geholfen, die richtige Lösung zu finden?

Person	Interessen	Fernsehsendung
01	Sportsendungen	-
02	Krimis	Kommissar / Mord
1		
2		
3		
4		
5		

5 Aufgabe 2

1 Lesen Sie den Text. Entscheiden Sie, welche der Antworten (a, b oder c) passt. Es gibt jeweils nur eine richtige Lösung.

Wir empfehlen Ihnen, sich an folgende Arbeitsschritte zu halten:

1. Schritt: Lesen Sie die Fragen bzw. Teilsätze, mit denen die Aufgaben beginnen.
2. Schritt: Überfliegen Sie einmal den Text und suchen Sie die Stellen, die dazu Auskunft geben. Notieren Sie am Textrand die Nummern der Aufgaben.
3. Schritt: Lesen Sie nun die Aufgaben ganz und parallel dazu die entsprechenden Textstellen. Entscheiden Sie, ob a, b oder c richtig ist.

Das segelnde Klassenzimmer

Geschichte in der Nordsee, Algebra im Atlantik, Konjunktiv in der Karibik – so etwa sieht der Stundenplan auf der „Thor Heyerdahl" aus, die sechseinhalb Monate lang das Zuhause und die Schule für 30 Jugendliche ist. Bevor die Reise losgeht, sind die Schüler eine Woche lang auf dem Schiff und richten sich ein, putzen, reparieren Kleinigkeiten und machen sich mit dem Schiff vertraut.

Dabei ist die Route nicht immer einheitlich. Sie führt aber zumeist über den Atlantik in die Karibik, nach Mittel- oder Südamerika und nach Kuba. Danach kehrt das Schulschiff wieder in den Kieler Hafen zurück.

Das Projekt wurde 1993 von der reformpädagogischen Herrmann-Lietz-Schule auf der Ostfriesischen Insel Spiekeroog für 30 Elftklässler aus dem gesamten Bundesgebiet ins Leben gerufen. Seitdem haben mehr als 6 000 Jugendliche an Reisen mit der „Thor Heyerdahl" teilgenommen. Die Eltern kostet die Segelreise 2 375 Euro pro Monat. Das Projekt „High Seas High School" bedeutet vor allem Lernen auf hoher See. Während die Klassenkameraden auf dem Festland die Schulbank drücken, vermitteln an Deck der „Thor Heyerdahl" vier Lehrer den Schulstoff . Das Projekt findet jedes Jahr statt. Derzeit werden Sponsoren gesucht, um auch Kindern aus Familien mit geringerem Einkommen einen Segeltörn zu ermöglichen.

Das schwimmende Internat ist 50 Meter lang, 6,52 Meter breit, 29 Meter hoch und hat einen 400 PS starken Motor. Neben den Jugendlichen und den vier Lehrern wohnen hier sechs Matrosen, ein Kapitän und ein Bordarzt, also 42 Personen. Da wird es eng: die 15 - 17-jährigen Schüler schlafen zu sechst in einer sieben Quadratmeter großen Kabine in Etagenbetten.

Das Leben an Bord ist auch nicht luxuriös. Die Crew muss Wassser sparen und man darf nur jeden dritten Tag duschen. MP3-Player und Handys darf man nicht benutzen. Darüber hinaus müssen die Schüler alle Aufgaben auf dem Schiff übernehmen – vom Kochen und Abwaschen über das Navigieren bis hin zum Segeleinholen. Und sollte die „Thor Heyerdahl" tatsächlich in ein Unwetter geraten, können die Schüler sich nicht in ihre Kajüten zurückziehen, sondern müssen als Seemänner an Deck.

Überhaupt wird die Teamarbeit großgeschrieben. Nur, wer bereit ist, seinen privaten Bereich aufzugeben, mit fremden Leuten zu leben, Entbehrungen und Enttäuschungen im Alltag hinzunehmen, sollte an diesem Projekt teilnehmen. Dabei steht nicht nur der normale Schulstoff auf dem Stundenplan, sondern vor allem das Lernen fürs Leben. Dazu gehört das Erleben fremder Kulturen genauso wie der Umgang mit der Verantwortung für sich selbst und andere.

Bei manchen Fächern gestaltet es sich jedoch schwierig, mit den Schülern aus der Heimat mithalten zu können, weil sie nicht unterrichtet werden, wie beispielsweise Französisch. In diesem Fall muss man die Bücher zum Lernen mitnehmen und selbst dafür sorgen, dass man den Stoff schafft.

Die Schüler machen auch Landexpeditionen. Sie wohnen bei Gastfamilien und besuchen Schulen in den fremden Ländern. Dort haben sie auch Gelegenheit, Sightseeing zu machen oder E-Mails zu schreiben.

Beispiel:

(0) Was müssen die Schüler auf der „Thor-Heyerdahl" vor der Reise tun?

- [a] Das Schiff einrichten.
- [b] ☒ Das Schiff kennenlernen.
- [c] Das Schiff reparieren.

1. Wer kann an dem Projekt „High Seas High Schools" teilnehmen?

- [a] Elftklässler von den Ostfriesischen Inseln.
- [b] Jugendliche aus ganz Deutschland.
- [c] Schüler der Herrmann-Lietz-Schule.

2. Wer auf der „Thor-Heyerdahl" zur Schule gehen will,

- [a] muss jeden Monat einen bestimmten Betrag bezahlen.
- [b] muss aus einer Familie mit geringem Einkommen stammen.
- [c] muss einen Sponsor finden.

3. Zum Alltag auf der „Thor-Heyerdahl" gehört,

- [a] dass das Schiff in ein Unwetter gerät.
- [b] dass man auch auf dem Schiff mitarbeitet.
- [c] dass man keine Musik hören darf.

4. Voraussetzung für die Teilnahme an diesem Projekt ist,

- [a] dass man sich an eine Gruppe anpassen kann.
- [b] dass man fremde Kulturen kennt.
- [c] dass man vom Alltag nicht enttäuscht ist.

5. Die Fächer, die auf dem Schiff nicht unterrichtet werden,

- [a] lernt man in der Heimat.
- [b] lernt man selbst.
- [c] lernt man in fremden Schulen.

Sollte man Gewaltdarstellungen in Filmen und Computerspielen verbieten?

Kurt Weissman, Psychologe: Ich bin nicht fest davon überzeugt, dass es tatsächlich eine erhöhte Gewaltbereitschaft unter jungen Leuten gibt, und wenn es sie gibt, ob Gewaltdarstellungen im Fernsehen, auf Video und in Computerspielen die Ursache dafür sind. Daher wäre ein solches Verbot meines Erachtens zwecklos, bevor uns konkrete Untersuchungsergebnisse zur Verfügung stehen.

Ulrike Heukenkamp, Pädagogin: Meiner Ansicht nach liegt der Zusammenhang zwischen Gewalt im Fernsehen und Kriminalität der Jugendlichen auf der Hand. Deswegen plädiere ich dafür, dass man brutale Gewaltdarstellungen im Fernsehen und in Videospielen generell verbieten sollte.

Heiner Schmidt, Mechaniker: Meine zwei Söhne konsumieren oft stundenlang solche Killerspiele und lassen sich davon leider auch nicht abbringen. Ich habe Angst davor, dass sie irgendwann Realität und Fiktion vermischen. Ich hoffe ja, dass der Gesetzgeber brutale Killerspiele endlich für illegal erklärt. Dann würde ich meine Kinder sofort von diesen Computerspielen fernhalten.

Elfriede Novak, Studentin: Das Verbot von Computer-Killerspielen halte ich für richtig und zugleich für schwierig, weil man heutzutage solche Spiele ohne weiteres im Internet herunterladen kann. Deshalb bleibt ein solches Verbot wirkungslos. Wichtiger als Verbieten finde ich Informieren: In Schulen, Universitäten und Arbeitsplätzen.

Dr. Günther Edelstein, Politiker: Angesichts der brutalen Gewalttaten junger Menschen sollte man menschenverachtende Killerspiele verbieten, in denen es alleine darum geht, am Bildschirm grausame oder die Menschenwürde verletzende Gewalttätigkeiten zu begehen. Solche Spiele sind abstoßend, ethisch und moralisch verwerflich. Wir können nicht tatenlos zusehen, wenn immer wieder Jugendliche und junge Erwachsene nach dem Konsum von Killerspielen schwerste Gewalttaten begehen.

Stephan Steiner, Geschäftsführer: Computerspieler wissen ganz genau, dass die Computerspiele keinesfalls aus Spielern „Killer" machen. Wer solch ein „Verbot" fordert – selbst wenn es statistisch gesehen, nur auf maximal 3% aller im Markt befindlichen Spiele zutreffen könnte – greift meiner Ansicht nach zudem massiv in das Recht der Erwachsenen auf Kultur ein. Wenn wir dieses Verbot akzeptieren, wird als nächstes ein Verbot von Literatur oder Filmen gefordert.

1 Hier lesen Sie die Äußerungen mehrerer Personen zum Thema „Sollte man Gewaltdarstellungen in Filmen und Computerspielen verbieten?“. Stellen Sie fest, wie diese ein solches Verbot beurteilen: positiv (+), negativ (-) oder skeptisch (?).

Wir empfehlen Ihnen, sich an folgende Arbeitsschritte zu halten:

1. Schritt: Lesen Sie zuerst die Äußerungen. Unterstreichen Sie dabei alle Stellen, die eine positive oder eine negative Meinung bzw. einen Zweifel in Bezug auf die Frage ausdrücken.
2. Schritt: Kreuzen Sie dann die richtige Lösung in der Tabelle an.

	+	-	?
Kurt Weissman			
Ulrike Heukenkamp			
Heiner Schmidt			
Elfriede Novak			
Dr. Günther Edelstein			
Stephan Steiner			

2 Ordnen Sie nun die Redemittel in den Meinungsäußerungen, die Sie unterstrichen haben, in die Tabelle ein.

	+	-
Kurt Weissman		
Ulrike Heukenkamp		
Heiner Schmidt		
Elfriede Novak		
Dr. Günther Edelstein		
Stephan Steiner		

5

Aufgabe 4

1 Sie erhalten den folgenden Text. Leider ist der rechte Rand unleserlich. Rekonstruieren Sie den Text, indem Sie aus den drei Vorschlägen jeweils den passenden aussuchen und unterstreichen.

Wir empfehlen Ihnen, sich an folgende Arbeitsschritte zu halten:

1. Schritt: Lesen Sie zuerst die Beispiele. Lesen Sie dann jeden Satz mit Lücke einmal ganz.
2. Schritt: Unterstreichen Sie die Wörter, die im Zusammenhang mit dem fehlenden Wort stehen könnten.
3. Schritt: Überlegen Sie, welches Wort passt und unterstreichen Sie es in der rechten Spalte.

Babys erkennen Fremdsprachen an der Mimik

Im Alter von vier bis sechs Monaten können Babys an der Mimik	einen / eins / eines	01
Sprechers ablesen, ob er in ihrer Muttersprache oder in einer	Aussprache / Fremdsprache / Dialekt	02
redet. Kinder allerdings, die einsprachig aufwachsen, verlieren	einen / diese / jede	1
Fähigkeit wieder, wie Forscher in *Science* berichten, und	zwar / sogar / selbst	2
im Alter von acht Monaten. Kommen Kinder aus Familien, in	die / denen / den	3
zwei Sprachen gesprochen werden, sind sie längere Zeit in der	Stelle / Position / Lage ,	4
Sprachen zu unterscheiden.		
Ein Team von der University of British Columbia in Vancouver	zeigte / spielte / stellte	5
Babys im Alter von vier, sechs und acht Monaten Videos vor,	auf / in / mit	6
denen ohne Ton ein Satz in ihrer Muttersprache gesagt	konnte / wurde / ist .	7
Daraufhin zeigten sie den Babys ein zweites stummes Video,	oder / nicht nur / entweder	8
in der gleichen oder in einer anderen Sprache. Einen Wechsel der		
Sprache nahmen nur die vier bis sechs Monate alten Babys wahr.		
Dem Sprecher des zweiten Videos widmeten die Babys viel	lange / mehrere / mehr	9
Aufmerksamkeit, wenn er in einer anderen Sprache redete.		
Durch die unbekannten Gesichtsausdrücke wurden sie irritiert,	nämlich / deshalb / denn	10
schauten sie die Gesichter genauer an.		

Aufgabe 1

6

1 Ausstellungen gehören zu den wichtigen kulturellen Ereignissen und ziehen immer wieder interessierte Besucher an.
Was glauben Sie, für welche der acht Ausstellungen (A-H) würden sich die einzelnen Personen (1-5) interessieren?
Es gibt jeweils nur eine richtige Lösung. Es ist möglich, dass nicht für jede Person eine passende Ausstellung zu finden ist. Markieren Sie in diesem Fall „negativ".

Wir empfehlen Ihnen, sich an folgende Arbeitsschritte zu halten:

1. Schritt: Lesen Sie zuerst, welche Interessen die Personen (1-5) haben. Unterstreichen Sie dabei die wichtigsten Informationen.
2. Schritt: Lesen Sie dann die Beschreibungen der Ausstellungen (A-H) und suchen Sie diese nach den geforderten Informationen ab. Unterstreichen Sie dabei Wörter, die sich auf die Interessen der Personen beziehen. Wenn Sie einen passenden Text gefunden haben, markieren Sie den entsprechenden Buchstaben neben der Person und streichen den Text durch.
3. Schritt: Tragen Sie die Lösungen in die Tabelle ein.

TIPP
Streichen Sie Text C, der dem Beispiel 01 zugeordnet ist, denn diesen Text dürfen Sie nicht mehr verwenden.

Aufgaben:

Welche Ausstellung wäre von Interesse für folgende Personen?

1. Reinhold, der sich dafür interessiert, welche Schönheitsideale in anderen Ländern gelten.
2. Dagmar, die gern Fotos berühmter verstorbener Stars sieht.
3. Sabine, die Bilder von Familien aus früheren Jahrhunderten mag.
4. Michael, den Kunstwerke faszinieren, die zeigen, welche Spuren Kriege bei Menschen hinterlassen.
5. Jürgen, der Kunstgeschichte studiert und besonders an orthodoxer Ikonenmalerei interessiert ist.

Beispiele:

Welche Ausstellung wäre von Interesse für folgende Personen?
01 Maria, die sich mit zeitgenössischen Idolen beschäftigt. **Lösung:** C
02 Erik, der Werke des berühmten Malers Picasso sehen möchte. **Lösung:** negativ

01	02	1	2	3	4	5
C	negativ					

A

Kunst zu sammeln gehörte über Jahrhunderte für deutsche Herrscherhäuser zum guten Ton. Und auch heute noch befinden sich hunderte Gemälde im privaten adeligen Besitz. Das Münchner Haus der Kunst wirft einen Blick in die Schatzhäuser Deutschlands und zeigt 300 der herausragendsten Kunstwerke.

www.hausderkunst.de

B

Roy Liechtenstein und Andy Warhol machten Groschenhefte galerietauglich – indem sie Comics zu Kunst erklärten. Die Ausstellung „Funny Cats – Cartoons und Comics" in der Staatsgalerie Stuttgart untersucht den Einfluss der bunten Bildchen auf die Kunst und verbindet dabei Pop-Art mit Sex-and-Crime-Comics der 70er-Jahre bis hin zu japanischen Mangas.

www.staatsgalerie.de

C

Junge Art-Avantgarde: die Ikonen von heute

Eine Ausstellung, die Ihnen das Herz brechen wird – so der Untertitel zu „Heaven". Und die Werke, die hier gezeigt werden – Malerei und Plastik, Video- und Computerinstallationen – bewegen tatsächlich die Gemüter: 35 internationale Künstler beschäftigen sich mit den „Heiligen" von heute, wie etwa Michael Jackson, Madonna oder Tom Hanks – Ikonen unserer Zeit mit beinah religiöser Bedeutung.

www.kunsthalle.de

D

Sorgsam in Szene gesetzt ließen sich Familien im Biedermeier, in der Gründerzeit und der Moderne von Malern porträtieren. Die Ausstellung „Stil-l-halten" im Jüdischen Museum Berlin gibt Aufschluss über Bürgerstolz, Mode und Lebensart im 19. und 20. Jahrhundert.

www.jmberlin.de

E

Nur sechs Wochen vor ihrem Tod machte der Fotograf Bert Stern die wohl persönlichsten Fotos von Marilyn Monroe: Sie zeigen den Menschen hinter dem Mythos Marilyn. So jedenfalls heißt die Ausstellung im Städtischen Museum Heilbronn, in der neben Sterns Fotos auch die berühmten „Ten Marilyns" von Andy Warhol zu sehen sind.

www.museen-heilbronn.de

F

Nicht nur der Duft allein verführt – auch dem Auge will geschmeichelt werden. Parfüm – die Ästhetik des Unsichtbaren lädt ein zu einer Reise durch die Kulturgeschichte des Duftes und seiner Verpackung. Das Museum für Kunst und Gewerbe in Hamburg zeigt unter anderem Flakons, Plakate und Filmsequenzen.

www.mkg-hamburg.de

G

Die Lebensläufe von Max Beckmann und seinem französischen Kollegen Fernand Léger verliefen fast parallel: Beide wurden im letzten Drittel des 19. Jahrhunderts geboren, kämpften im Ersten Weltkrieg und verarbeiteten durch die Kunst ihre schrecklichen Kriegserlebnisse. Das Museum Ludwig in Köln widmet den beiden Künstlern eine Doppelausstellung mit jeweils 50 ihrer Werke.

www.museum-ludwig.de

H

Mit seinem schonungslosen Realismus zeigt Edward Hopper die Kehrseite des amerikanischen Traums. Die Frankfurter Kunsthalle würdigt diesen Meister der klassischen Moderne mit einer umfassenden Retrospektive.

www.schirn.de

2 **Welche Schlüsselwörter aus den Beschreibungen der Personen und der Ausstellungen haben Ihnen geholfen, die richtige Lösung zu finden?**

Person	Interessen	Ausstellung
01	zeitgenössischen Idolen	„Heiligen" von heute, wie etwa Michael Jackson, Madonna oder Tom Hanks – Ikonen unserer Zeit mit beinah religiöser Bedeutung
02	Picasso	-
1		
2		
3		
4		
5		

1 Lesen Sie den Text. Entscheiden Sie, welche der Antworten (a, b oder c) passt. Es gibt jeweils nur eine richtige Lösung.

Wir empfehlen Ihnen, sich an folgende Arbeitsschritte zu halten:

1. Schritt: Lesen Sie die Fragen bzw. Teilsätze, mit denen die Aufgaben beginnen.
2. Schritt: Überfliegen Sie einmal den Text und suchen Sie die Stellen, die dazu Auskunft geben. Notieren Sie am Textrand die Nummern der Aufgaben.
3. Schritt: Lesen Sie nun die Aufgaben ganz und parallel dazu die entsprechenden Textstellen. Entscheiden Sie, ob a, b oder c richtig ist.

Anabolika

Wie kaum einen anderen assoziiert man Arnold Schwarzenegger mit Bodybuilding. Der geborene Österreicher hielt den Mr. Olympia Titel – den höchst dotierten Preis im Bodybuilding – von 1970 bis 1975 und 1980 und machte mit seiner Hilfe in Hollywood Karriere und das Bodybuilding zum Breitensport.

4,5 Millionen Mitglieder zählen heute deutsche Fitnessstudios. Dort stemmen zehntausende Jugendliche täglich Gewichte und träumen von breiten Schultern und riesigen Muskelpaketen. Um ihre Männerfantasie, einmal so auszusehen wie die Profis bei den „Arnold Classics", wahr zu machen, trainieren sie hart. Aber einen kraftvollen Body können sich Freizeitsportler kaum antrainieren. Wer wie ein Champion aussehen will, muss künstliche Hormone wie Anabolika nehmen.

Anabolika sind chemische Mittel, die dem Körper beim Aufbau von Muskeln helfen. Eine Kur kostet 200 Euro und die Wirkung ist enorm. „Wenn du Anabolika nimmst, dann wirst du breit und musst weniger hart trainieren", gibt ein Konsument zu.

Aber Anabolika machen nicht nur stärker und muskulöser, sie machen auch aggressiver. Langfristig machen sie den Körper kaputt. Es fängt mit Magenschmerzen und Nasenbluten an. Weitere Folgen können Leberkrebs, Psychosen und Impotenz sein – und sie schädigen irreversibel das Gehirn.

Deutsche Doping-Experten schätzen, dass 350 000 Deutsche mit Dopingmitteln hantieren. Pro Doper rechnen sie mit einem Bedarf von 500 Euro pro Jahr. 200 Millionen Euro insgesamt werden jährlich für Muskelpräparate in Deutschland ausgegeben. Dopingmittel sind ein großes Geschäft. Und obwohl der Handel mit ihnen strafbar ist, die Einnahme von Anabolika ist es nicht. Sie werden als Missbrauch von Medikamenten angesehen, denn Anabolika bekommt man nur über den Arzt. Aber wo 450 000 Sportler ein Interesse haben, Muskelhormone zu kaufen, kann man sie auch illegal bekommen. Das Problem mit der Illegalität ist, dass keiner Konsumenten vor den Präparaten warnt.

Viele Amateure haben mit Anabolika ihre Gesundheit ruiniert und manche Profis sind an ihnen gestorben. In der professionellen Bodybuilder-Szene wird zwar immer wieder betont, dass Anabolika nicht erlaubt sind. Aber das hält besonders Top-Bodybuilder nicht davon ab, sie zu nehmen.

Beispiel:

(0) Arnold Schwarzenegger

[a] war dreimal Mr. Olympia.
[b] machte als Mr. Olympia in Österreich Karriere.
[X] hat das Bodybuilding als Breitensport bekannt gemacht.

1. Wie kann man den Körper eines Profi-Bodybuilders bekommen?

[a] Mit Krafttraining allein kann der Körper zum Muskelpaket werden.
[b] Dadurch, dass man täglich Gewichte stemmt.
[c] Durch hartes Training und künstliche Hormone.

2. Was bewirkt die Einnahme von Anabolika?

[a] Sie wirken sich negativ auf Körper und Psyche aus.
[b] Man wird breiter und muss härter trainieren.
[c] Nur der Körper wird geschädigt.

3. Was Muskelpräparate betrifft,

[a] ist ihr Konsum strafbar.
[b] darf ein Arzt sie verschreiben.
[c] werden in Deutschland jährlich 200 Millionen davon verkauft.

4. Muskelhormone

[a] werden an Doper mit einer Warnung von den Händlern verkauft.
[b] werden von 450 000 Sportlern illegal gekauft.
[c] werden wegen der hohen Zahl der Interessierten illegal gehandelt.

5. Das Einnehmen von Anabolika

[a] ist in der Bodybuilder-Szene erlaubt.
[b] führt in jedem Fall zum Tod.
[c] ist vor allem unter Top-Bodybuildern verbreitet.

Männer fahren besser als Frauen

Das Klischee, dass Männer besser als Frauen fahren, lässt sich wissenschaftlich nicht beweisen. Freilich fahren Frauen eindeutig vorsichtiger und langsamer als Männer. Das liegt daran, dass Frauen stärker an ihren Fähigkeiten zweifeln als die männlichen Autofahrer. Männer suchen die Schuld eher bei anderen.

Dr. Christa Roth-Sackenheim, Psychologin

Die Unfallstatistik und die Flensburger Punktedatei sprechen eine eindeutige Sprache: Männer sind wesentlich häufiger in schwere Unfälle verwickelt als Frauen und es gibt typische Männerunfälle (Rausfliegen aus der Kurve, Abkommen von der Fahrbahn, Auffahren von hinten). Unfälle von Frauen passieren dagegen eher beim Abbiegen und Einparken und nach Vorfahrtsverletzungen. Männer können in diesem Bereich tatsächlich von Frauen lernen.

Michael Ramstetter, Chefredakteur des ADAC-Motormagazins

Als Frau macht mich das Klischee wütend, allerdings kann ich als Automechanikerin auch Argumente dafür finden. Technisches Unverständnis und Desinteresse sind zwar sowohl bei weiblichen als auch bei männlichen Autobesitzern zu beobachten. Die Mehrheit der Männer hat aber mehr Kenntnisse und geht daher besser mit Autos um. Auf der anderen Seite sind viele Frauen neugierig und basteln oft selbst an ihrem Auto herum. Trotz der sozialen Vorurteile gibt es in den letzten Jahren immer mehr Kfz-Mechanikerinnen.

Martina Wilde, Automechanikerin bei AutoDiva – eine der wenigen Frauen-Werkstätten

Beim guten und sicheren Fahren geht es nicht nur darum am Steuer zu sitzen und keine Fehler zu machen, sondern auch vor allem um technisches Verständnis. Da stellt man bei Frauen ein erhebliches Defizit im Vergleich zu Männern fest. Frauen können einen Hammer nicht von einem Schraubenzieher unterscheiden und denken bei Zündkerzen allenfalls an Weihnachten.

Helmut Ahrendt, Fahrlehrer

Von dieser Ansicht bin ich nicht völlig überzeugt. Ich denke im Gegenteil, dass Frauen einfach vorausschauender fahren. Denn sie versuchen generell, drohende Gefahren vorauszuahnen und zu umgehen, machen sich eher Sorgen als Männer und fühlen sich nicht nur für sich verantwortlich, sondern auch für die anderen. Da die Frau früher vor allem die Aufgabe hatte, sich um ihre Kinder zu kümmern und sie zu beschützen, ist sie darauf programmiert, Risiken zu erkennen und zu vermeiden.

Hannelore Schulz, Hausfrau

1 **Hier lesen Sie die Äußerungen mehrerer Personen zum Thema „Männer fahren besser als Frauen". Stellen Sie fest, wie die Personen diese Ansicht beurteilen: positiv (+), negativ (-) oder skeptisch (?).**

Wir empfehlen Ihnen, sich an folgende Arbeitsschritte zu halten:

1. Schritt: Lesen Sie zuerst die Äußerungen. Unterstreichen Sie dabei alle Stellen, die eine positive oder eine negative Meinung bzw. einen Zweifel in Bezug auf die Frage ausdrücken.

2. Schritt: Kreuzen Sie dann die richtige Lösung in der Tabelle an.

	+	-	?
Dr. Christa Roth-Sackenheim			
Michael Ramstetter			
Martina Wilde			
Helmut Ahrendt			
Hannelore Schulz			

2 **Ordnen Sie nun die Redemittel in den Meinungsäußerungen, die Sie unterstrichen haben, in die Tabelle ein.**

	+	-
Dr. Christa Roth-Sackenheim		
Michael Ramstetter		
Martina Wilde		
Helmut Ahrendt		
Hannelore Schulz		

Aufgabe 4

1 **Sie erhalten den folgenden Text. Leider ist der rechte Rand unleserlich. Rekonstruieren Sie den Text, indem Sie das fehlende Wort rechts ergänzen.**

Wir empfehlen Ihnen, sich an folgende Arbeitsschritte zu halten:

1. Schritt: Lesen Sie zuerst die Beispiele. Lesen Sie dann jeden Satz mit Lücke einmal ganz.
2. Schritt: Unterstreichen Sie die Wörter, die im Zusammenhang mit dem fehlenden Wort stehen könnten.
3. Schritt: Überlegen Sie, welches Wort passt und ergänzen Sie es in der rechten Spalte.

Geld regiert die Welt

Münzen und Scheine gab es nicht immer. Es gab Zeiten,	als	01
ganz andere Währungen im Umlauf waren als heute, z.B. Gold	und	02
Silber, Schneckenhäuser, Salz, Steine, Tierzähne oder Tee.	______	1
rund 6 000 Jahren existierte noch gar kein Geld, sondern die	______	2
tauschten ihre Waren aus. Vielleicht war der eine ein	______	3
Jäger, andere bauten Gemüse an oder nähten wärmende	______ .	4
Jeder brauchte die Waren des anderen, also tauschte man sie. Der	______	5
musste immer neu verhandelt werden. Natürlich war es ein	______ ,	6
dass viele Waren nicht haltbar waren und dadurch an Wert	______ .	7
Verschiedene Zahlungsmittel, die man teilen und auch lagern	______ ,	8
mussten also entwickelt werden.		
Die ersten Goldmünzen erfand ein Volk, das im asiatischen Teil	______	9
heutigen Türkei lebte. Sie prägten einheitlich große Metallstücke,	______	10
mit dem Wappen ihres Königs Krösus verziert waren. Bis heute gibt		
es den Spruch, dass jemand „reich wie Krösus“ ist.		

1 **Die Stadt Wien feiert Silvester auf ganz besondere Art: Die gesamte Innenstadt wird zum „Silvesterpfad“, einer gigantischen Festmeile mit zahlreichen Musikbühnen, Konzerten, Essständen und Attraktionen. Viele Gäste aus aller Welt und fast alle Wienerinnen und Wiener tanzen auf dem Silvesterpfad ins neue Jahr.**
Was glauben Sie, für welche der acht Veranstaltungen des Silvesterpfads (A-H) würden sich die einzelnen Personen (1-5) interessieren?
Es gibt jeweils nur eine richtige Lösung. Es ist möglich, dass nicht für jede Person ein passendes Angebot zu finden ist. Markieren Sie in diesem Fall „negativ“.

Wir empfehlen Ihnen, sich an folgende Arbeitsschritte zu halten:

1. Schritt: Lesen Sie zuerst, welche Bedürfnisse und Interessen die Personen (1-5) haben. Unterstreichen Sie dabei die wichtigsten Informationen.
2. Schritt: Lesen Sie dann die Beschreibungen der Veranstaltungen (A-H) und suchen Sie diese nach den geforderten Informationen ab. Unterstreichen Sie dabei Wörter, die sich auf die Bedürfnisse und Interessen der Personen beziehen. Wenn Sie einen passenden Text gefunden haben, markieren Sie den entsprechenden Buchstaben neben der Person und streichen den Text durch.
3. Schritt: Tragen Sie die Lösungen in die Tabelle ein.

TIPP
Streichen Sie Text A, der dem Beispiel 02 zugeordnet ist, denn diesen Text dürfen Sie nicht mehr verwenden.

Aufgaben:

Welche der acht Veranstaltungen des Silvesterpfads wäre wohl interessant für jede der folgenden Personen?

1. Bernd, der in der Silvesternacht erfahren möchte, was ihn im nächsten Jahr erwartet.
2. Herr und Frau Ohlsen, die sich für lange Silvesternächte schon zu alt fühlen. Deshalb suchen sie nach einer Veranstaltung, die sie am ersten Januar tagsüber besuchen können.
3. Fabian und seine Freundin, die gern noch einmal die größten Hits des Vorjahres hören würden.
4. Das Ehepaar Jastrow, das davon träumt, unter freiem Himmel zu Walzerklängen ins neue Jahr zu tanzen.
5. Heiko und Anita, die zusammen mit ihren Kindern an einer Tanzveranstaltung teilnehmen möchten.

Beispiele:

Welche der acht Veranstaltungen des Silvesterpfads wäre wohl interessant für jede der folgenden Personen?

01 Die Geschwister Anne und Tim, die am Silvesterabend zu lateinamerikanischen Klängen tanzen möchten. **Lösung:** *negativ*
02 Olaf, der seit seinem letzten Urlaub absoluter Fan griechischer Musik ist. **Lösung:** *A*

01	02	1	2	3	4	5
negativ	*A*					

A

Freyung – Hier wird Ihnen nicht nur warm ums Herz
Tauchen Sie ein in die unbeschwerte Atmosphäre des Südens. Tanzprofis laden Sie ein, mit den richtigen Schritten leichtfüßig das neue Jahr zu begehen (14.00 - 17.30 Uhr). Und weiter geht es mit italienischem Feuer, heißblütigem spanischen Temperament (18.30 - 2.00 Uhr) und Georges Dimou, der mit griechischen Klängen für einen ausgelassenen Start in das neue Jahr sorgt (23 bis 0 Uhr).

B

Hoher Markt – Wo das Rock 'n' Roll-Herz höher schlägt
Beste Unterhaltung für die kleinsten Silvester-Gäste garantiert Robert Steiners Spiele-Show. Selbstverständlich mit Auftritten von Kasperl & Strolchi, Rolf Rüdiger und heuer mit dem Stargast Sponge Bob (14.00 - 18.00 Uhr). Danach legt die legendäre Radio Wien Band los: Stets begehrt und lang bewährt bieten „die Fünf" Ihnen alles, was das Rock 'n' Roll-Herz höher schlagen lässt. Und weiter geht's mit den starken Jungs von „Motorschodn", die mit ihren Songs aus den 50ern bis hin zu den 90ern das Stimmungsbarometer steigen lassen (18.00 - 24.00 Uhr), danach Radio Wien Disco (bis 2 Uhr).

C

Friedmannplatz – Auf der Glücksmeile ins neue Jahr
Erfahren Sie, was Gesundheit, Beruf und Liebe im nächsten Jahr für Sie bereithalten. Wagen Sie einen Blick in die Sterne und Tarotkarten. Numerologie und Engelsmagie helfen Ihnen vielleicht bei wichtigen Entscheidungen. (14.00 - 2.00 Uhr).

D

Graben – Der größte Ballsaal Wiens
Erstmalig verwandelt sich der Graben in der Nacht zum Jahreswechsel in den größten Ballsaal der Innenstadt. Im zauberhaften Funkeln der strahlenden Kronleuchter klingen von der großen Bühne Strauss'sche Walzer und Polkas des Ensembles des Wiener Operettensommers und Rondo Vienna. Beliebte Werke, wie die Fledermausouvertüre oder die Tritsch Tratsch Polka machen den Graben zum grandiosen Freiluft-Tanzparkett (14.00 - 2.00 Uhr).

E

Haus der Musik – Wo sich's herrlich tanzen lässt
Mit Walzer, Samba, Salsa und vielen anderen attraktiven Tänzen erwartet Sie die Tanzschule Chris ab 14 Uhr zum Silvester-Spaß. „Mittanzen" lautet das Motto für sie und ihn, für Jung (Kindertänze) und Alt. Neben Showeinlagen und Tanzacts locken auch Gewinnspiele (bis 1 Uhr). Die interaktive Ausstellung im Haus der Musik ist am Silvesterabend bis 22 Uhr geöffnet.

F

Neuer Markt – Super-Oldies und Legenden des Soul
Karaoke-Vergnügen für die ganze Familie und Radio Arabella Charts machen hier von 14 bis 18 Uhr die richtige Stimmung für die Silvesternacht. Die Swinging Ladies DeLuxe, Miss Betty und Miss Regina – Königinnen des österreichischen Swing – laden ein zum glitzernden Streifzug durch die 40er- und 50er-Jahre des Swing, Boogie, Jive & Rock 'n' Roll (19.00 - 20.30 Uhr). Soul- und Blues-Stimmung kommt mit der legendären Mojo Blues Band auf (21.00 - 22.30 Uhr).

G

Rathausplatz – Wien wie es leibt und lebt
Dass am 1. Jänner der Silvestermarkt auf dem Rathausplatz zum Einklang ins Neue Jahr vor einer Großbildleinwand einlädt, ist mittlerweile Tradition (9 - 16 Uhr). Und damit ebenso selbstverständlich die Live-Übertragung des Neujahrskonzerts der Wiener Philharmoniker.

H

Löwelstraße – Discofieber am Silvesterpfad
ATV und Fusion Events präsentieren beim Burgtheater ein Programm für Groß und Klein. Um 14 Uhr geht es los mit Spaß und Entertainment. Voicemania meets Silvesterpfad heißt es dann ab 17 Uhr, wenn MAUF, 4She und Die Neffen a Capella der Spitzenklasse darbieten. Ab 21 Uhr sorgt die Liveband Stardust Babies dafür, dass das Discofieber ausbricht, bevor DJ Thomas um 23 Uhr mit Discohits der 70er und 80er das Neue Jahr begrüßt (bis 2 Uhr).

2 Welche Schlüsselwörter aus den Beschreibungen der Personen und der Veranstaltungen haben Ihnen geholfen, die richtige Lösung zu finden?

Person	Bedürfnisse und Interessen	Veranstaltung
01	zu lateinamerikanischen Klängen tanzen	-
02	Fan griechischer Musik	Georges Dimou, der mit griechischen Klängen
1		
2		
3		
4		
5		

7 Aufgabe 2

1 Lesen Sie den Text. Entscheiden Sie, welche der Antworten (a, b oder c) passt. Es gibt jeweils nur eine richtige Lösung.

Wir empfehlen Ihnen, sich an folgende Arbeitsschritte zu halten:

1. Schritt: Lesen Sie die Fragen bzw. Teilsätze, mit denen die Aufgaben beginnen.
2. Schritt: Überfliegen Sie einmal den Text und suchen Sie die Stellen, die dazu Auskunft geben. Notieren Sie am Textrand die Nummern der Aufgaben.
3. Schritt: Lesen Sie nun die Aufgaben ganz und parallel dazu die entsprechenden Textstellen. Entscheiden Sie, ob a, b oder c richtig ist.

Mythos Tante Emma

Die Bezeichnung „Tante-Emma-Laden" entstand in den 1950er-Jahren. Damals gab es in jedem Dorf einen kleinen Laden, in dem die Verkäuferin hinter der Ladentheke wie eine Verwandte zum Alltag gehörte und ihre Kunden noch persönlich bediente. Meist war sie eine resolute ältere Kaufmannsfrau mit weißer Kittelschürze und großem Herzen.

Auch in der Stadt gab es solche kleinen Einzelhandelsgeschäfte an der Ecke oder in nächster Nähe, welche Lebensmittel und weitere Artikel des täglichen Bedarfs anboten, in denen der Kunde als Nachbar im Kontrast zu den unpersönlichen Selbstbedienungsläden und Supermärkten von heute noch persönlich Kontakt zum Ladeninhaber hatte. Bei „Tante Emma" gingen die Leute nicht nur einkaufen, hier wurden sie freundlich bedient, mit Namen begrüßt – und mit Interesse.

Das ist noch heute der Charme von „Tante Emma". Die Verkäuferin lächelt und meint es so. Fragt nur pro forma: „80 Gramm Aufschnitt, wie immer?" Erkundigt sich, während sie auch kleinste Mengen Wurst und Käse liebevoll in Papier wickelt, nach den Schulerlebnissen der Kinder, dem Gesundheitszustand der Mutter, den Urlaubsplänen. Wer hier einkauft, kriegt ein bisschen Sympathie gratis dazu. Der Rest ist allerdings teuer: Mit den Niedrigpreisen der Großen können die Kleinen kaum mithalten.

Natürlich hießen nicht alle Ladenbesitzerinnen Emma, aber die Bezeichnung drückt aus, dass sich die Menschen damals untereinander gut kannten. In unserer hektischen Massengesellschaft steht „Tante Emma" für menschliche Wärme, für eine Epoche, in der sich Nachbarn auf dem Hausflur miteinander unterhielten und Begriffe wie „Single-Gesellschaft" und „Ich-AG" erst noch erfunden werden mussten.

Der nostalgische Begriff „Tante-Emma-Laden" gilt als Synonym für eine (noch) intakte persönliche Beziehung und Dienstleistungsbereitschaft zwischen dem lokalen Händler und seinen Kunden, ganz im Gegensatz zu anonymen Discountern, Kaufhäusern mit Selbstbedienung, Supermärkten, Einkaufszentren, Boutiquen in Einkaufspassagen oder Warenhäusern.

Seit den 1960er-Jahren ist die Zahl der Tante-Emma-Läden stark zurückgegangen. Nach Auskunft des Bundesverbandes des deutschen Lebensmittelhandels gab es 1970 noch ungefähr 132 000 kleine Läden, 2000 waren es nur noch etwa 28 000. Doch zeichnet sich seit etwa 1980 mit der Entstehung der Bio- und Naturkostläden, die auch als kleine Kommunikationsstätten dienen und an die Tradition des

Tante-Emma-Ladens bewusst anknüpfen, eine neue Entwicklung ab.

Die meisten Tante-Emma-Läden kann man heute immer noch im ländlichen Raum finden, wo sie für die Nahversorgung mit Lebensmitteln sorgen. Aufgrund der Altersstruktur der Ladenbetreiber ist aber wohl ein weiterer Rückgang dieser Läden absehbar. Sie werden in den letzten Jahren in Deutschland abgelöst von Lebensmittelläden, die von Immigranten betrieben werden und die als Gewerbetreibende eine bedeutende Rolle in der Nahversorgung der Bevölkerung in manchen Stadtteilen übernommen haben. Oft sind es Einwanderer aus der Türkei, in deren kleinen Läden man fast alles kaufen kann. Mit einem Augenzwinkern werden sie „Onkel-Mehmet-Läden" genannt.

Beispiel:

(0) „Tante-Emma-Laden" war in den 1950er-Jahren die Bezeichnung

- [a] für ein Geschäft, das einer guten Verwandten gehörte.
- [b] für ein Geschäft, in dem eine Frau mit weißer Schürze bediente.
- [x] für ein Geschäft, in dem die Verkäuferin persönlichen Kontakt zu ihren Kunden hatte.

1. Was charakterisierte die Einzelhandelsgeschäfte in der Stadt?

- [a] Alle Nachbarn gingen dort einkaufen.
- [b] Die Ladeninhaber interessierten sich für ihre Kunden.
- [c] Sie lagen an einer Ecke.

2. Ein Tante-Emma-Laden von heute

- [a] kann nicht so billig verkaufen wie ein Supermarkt.
- [b] verkauft nur Wurst und Käse.
- [c] bietet den Kunden Niedrigpreise.

3. Heute ist der Begriff „Tante-Emma-Laden"

- [a] ein Zeichen dafür, dass sich Menschen gut kennen.
- [b] eine andere Bezeichnung für die Massengesellschaft.
- [c] ein Ausdruck für ein persönliches Verhältnis von Händler und Kundschaft.

4. Bio- und Naturkostläden

- [a] sind heute schon Tradition.
- [b] ähneln Tante-Emma-Läden.
- [c] gibt es seit den 1960-er Jahren.

5. Was kann man in den letzten Jahren beobachten?

- [a] Nur auf dem Land gibt es noch Tante-Emma-Läden.
- [b] Türken kaufen oft in kleinen Läden ein.
- [c] Immigranten eröffnen Lebensmittelläden.

Erneuerbare Energien vor der eigenen Tür

Es gibt in Teilen der Bevölkerung eine starke Ablehnung von Windenergie-Anlagen auf dem Meer. Dabei muss man die Bedenken von Anwohnern durchaus ernst nehmen. Ökologische Belastungen oder gravierende landschaftliche Auswirkungen müssen unbedingt vermieden werden. Auf der anderen Seite müssen die Menschen begreifen, dass es nur zwei Möglichkeiten gibt: Entweder, wir bauen mehr Windkraft- und Solaranlagen oder die Bundesrepublik braucht neue Kohlekraftwerke. Die stehen dann aber auch vor irgendeiner Haustür.

Tobias Lill, Energie-Referent des Bund Naturschutz Bayern

Windkraft-Gegner bedienen sich oft durchweg falscher Argumente. So etwa bei den Protesten gegen den rund 25 Kilometer vor Sylt geplanten Windpark Butendiek. Als „ökonomischen Unsinn und ökologisch fragwürdig“ brandmarkten Gegner das Projekt. Auch dass der Treibhauseffekt gar nicht erwiesen sei, war zu hören. Dabei stehen uns die Haare zu Berge. Falls wir die Erderwärmung noch stoppen wollen, muss in der Bevölkerung ein Umdenken einsetzen, wenn es um Klimaschutz vor der eigenen Haustüre geht.

Jörg Feddern, Energie-Experte

In Umfragen sind die Deutschen mit großer Mehrheit für Ökostrom aus Sonne und Wind. Etwas anderes ist es, wenn Wind- oder Solarparks direkt vor der eigenen Tür gebaut werden. Wir sagen deshalb: Ein Windpark in unserer Nähe würde nicht nur eine optische Beeinträchtigung bedeuten, sondern auch ein höheres Risiko für Schiffsunglücke, wodurch die Strände verschmutzt werden könnten.

Johanna Trautmann, Mitglied des Vereins „Gegenwind – für eine industriefreie Nordsee“

Dass lokale Bürgerinitiativen das Wachstum von Windparks bremsen, ist eine Schande. Ohne den Bau von neuen Windkraft-Anlagen ist das ohnehin viel zu niedrig gesteckte Ziel eines 20-Prozent-Anteils der regenerativen Energien bis zum Jahr 2020 nur schwerlich zu erreichen. Denn Windkraftparks auf dem Meer spielen beim Energiemix der Zukunft eine wichtige Rolle: Bis zum Jahr 2030 sollen nach Plänen des Bundesumweltministeriums Anlagen mit einer Leistung von 20 000 bis 25 000 Megawatt im Meer installiert werden. Der Anteil der Windkraft an der deutschen Stromproduktion, der im Jahr 2006 bei 5,1 Prozent lag, wäre dann zweistellig.

Carsten König, Chef des Verbands „Windpark“

Es ist selbstverständlich zu bedenken, dass ein Solarpark soviel Energie produzieren könnte, dass 77 Millionen Liter Heizöl oder 192 000 Tonnen Kohlendioxid hätten eingespart werden können. Wir fürchten aber eine Verschandelung der Landschaft. Auch ein Windpark ist nicht völlig problemlos: Das Stadtbild wird durch die Windräder zerstört und man vermeidet nicht die störenden Reflektionen der Flügel, sogenannte Disco-Effekte, oder die Belästigung von Anwohnern mit unhörbarem Infraschall.

Elfriede Popp, Mitglied der Bürgerinitiative „Natur pur“

1 **Hier lesen Sie die Äußerungen mehrerer Personen zum Thema „Erneuerbare Energien vor der eigenen Tür". Stellen Sie fest, wie diese die Errichtung von Windenergie-Anlagen in der eigenen Nähe beurteilen: positiv (+) oder negativ bzw. skeptisch (-/?).**

Wir empfehlen Ihnen, sich an folgende Arbeitsschritte zu halten:

1. Schritt: Lesen Sie zuerst die Äußerungen. Unterstreichen Sie dabei alle Stellen, die eine positive oder eine negative Meinung bzw. einen Zweifel in Bezug auf die Frage ausdrücken.
2. Schritt: Kreuzen Sie dann die richtige Lösung in der Tabelle an.

TIPP
In der Prüfung kreuzen Sie für „negativ" und „skeptisch" in derselben Spalte an.

	+	-/?
Tobias Lill		
Jörg Feddern		
Johanna Trautmann		
Carsten König		
Elfriede Popp		

2 **Ordnen Sie nun die Redemittel aus den Meinungsäußerungen, die Sie unterstrichen haben, in die Tabelle ein.**

	+	-
Tobias Lill		
Jörg Feddern		
Johanna Trautmann		
Carsten König		
Elfriede Popp		

Aufgabe 4

1 **Sie erhalten den folgenden Text. Leider ist der rechte Rand unleserlich. Rekonstruieren Sie den Text, indem Sie das fehlende Wort rechts ergänzen.**

Wir empfehlen Ihnen, sich an folgende Arbeitsschritte zu halten:

1. Schritt: Lesen Sie zuerst die Beispiele. Lesen Sie dann jeden Satz mit Lücke einmal ganz.
2. Schritt: Unterstreichen Sie die Wörter, die im Zusammenhang mit dem fehlenden Wort stehen könnten.
3. Schritt: Überlegen Sie, welches Wort passt und ergänzen Sie es in der rechten Spalte.

Schokoladen-Geschichte

Es gibt nur wenige Leute, die einem Stück Schokolade widerstehen	können .	01
Allerdings kennt nicht jeder ihre interessante Geschichte.		
Die ersten Kakaoplantagen gab es schon im sechsten Jahrhundert	in	02
Mittelamerika, wo man die Kakaobohnen auch als Zahlungsmittel	.	1
Kolumbus sah als erster Europäer, dass die Kakaobohnen		2
Nicaraguanern als Münzen und zur Zubereitung eines Getränks dienten.		
Ihn jedoch interessierte der Kakao nicht, weil er den Seeweg		3
Indien entdecken wollte. Schließlich war es der Spanier H. Cortez,		4
den Kakao nach Europa brachte.		
Bis ins 17. Jahrhundert war Schokolade fast überall in Europa nur		5
Getränk bekannt, das besonders Kranken wegen seiner kräftigenden		6
empfohlen wurde.		
Es war der Schweizer Daniel Peter, der 1875 die Milchschokolade	.	7
Vier Jahre später hatte Rudolph Lindt die geniale Idee, Kakaobutter		8
Schokoladenmasse zu geben. So wurden die Schweizer schon bald in		9
ganzen Welt als hervorragende Schokoladenhersteller	.	10

Teil B

8

Aufgabe 1

Berlin als Hauptstadt Deutschlands mit seiner bewegten Geschichte ist Anziehungspunkt für viele Menschen. Fünf Personen möchten ein Buch bzw. ein Magazin über Berlin kaufen. Was glauben Sie, für welche der acht Veröffentlichungen (A-H) würden sich die einzelnen Personen (1-5) interessieren?
Es gibt jeweils nur eine richtige Lösung. Es ist möglich, dass nicht für jede Person etwas Passendes zu finden ist. Markieren Sie in diesem Fall „negativ".

Aufgaben:

Welche der acht Veröffentlichungen wäre wohl interessant für jede der folgenden Personen?

1 Marion, die Informationen über die Zeit vor der Wiedervereinigung Deutschlands Ende der 80er-Jahre sammeln möchte?
2 Guido, der seine Ferien in Berlin verbringt und Tipps über Sehenswürdigkeiten und Aktivitäten braucht?
3 Hannelore, die sich für eine kritische bzw. satirische Beschreibung des Lebens in Berlin vor dem Zweiten Weltkrieg interessiert?
4 Peter, dessen Leidenschaft die Berliner Fußballmannschaft Hertha BSC ist?
5 Lea, Studentin, die sich über die Geschichte der Humboldt-Universität und der Freien Universität Berlin informieren möchte?

Beispiele:

Welches Buch bzw. welches Magazin wäre von Interesse für

01 Anke, Germanistin, die mehr über die Geschichte Berlins vor dem Mittelalter erfahren will? **Lösung:** negativ
02 Christian, Reporter, der einen Artikel über moderne Kunst und Popkultur in Berlin verfassen möchte? **Lösung:** D

A

Berlin Architektur
Der Spaziergang vom Alexanderplatz über den Prachtboulevard Unter den Linden bis zum Potsdamer Platz dauert kaum länger als eine Stunde – aber schon auf dieser kurzen Strecke wird klar: nirgendwo spiegelt sich die bewegte Geschichte Berlins so deutlich wie in seiner Architektur. Guido Brendgens und Norbert König haben die Spuren dieser Geschichte vom Mittelalter bis in die Gegenwart verfolgt. In ihrem handlichen, ungemein detaillierten Führer stellen sie rund 1400 Gebäude aus allen Epochen vor und erläutern an ihnen, wie sehr Zerstörung, Teilung, Ideologie und Pragmatismus die gegenwärtige Vielseitigkeit des Stadtbilds von Berlin geprägt haben.
Guido Brendgens, Norbert König: *Berlin Architektur.* Jovis Verlag 2005, 530 S., 24,95 Euro. ISBN 3-931321-46-0

B

Daniel Biskup: 1989/90
Im November 1989 fuhr der Augsburger Briefträger und Hobbyfotograf Daniel Biskup nach Berlin, um dort mit seiner Kamera den Alltag der Menschen in den letzten Monaten der DDR festzuhalten. Das Buch, das daraus entstand, dokumentiert mit unbefangenem, präzisem Blick und Nostalgie eine Welt, die heute so radikal Geschichte geworden ist, dass man alle Mühe hat, ihre Spuren noch in der Gegenwart zu entdecken. Eine fotografische Zeitreise.
Daniel Biskup, Böhm 2005, 143 S., 29,80 Euro. ISBN 3-9808726-2-9

C

Berliner Luft
Currywurstbuden und Schrebergärten, Hochhausfassaden und Gummibäume in Schaufenstern – wer noch nie in Berlin war, wird dieses Buch durchblättern und sich wundern: Das soll die tollste Stadt Europas sein? Nur um nach seinem ersten Besuch in der Spreemetropole festzustellen, wie genau Benjamin Tafel und Dennis Orel die Stadt in ihren Fotografien beschreiben, ohne dabei nur eine einzige Sehenswürdigkeit zu zeigen. Ein kurzweiliges und atmosphärisch dichtes Stadtporträt, das mit feinem Gespür für Ironie den Blick auf das Beiläufige, Skurrile in der Hauptstadt lenkt.
Benjamin Tafel, Dennis Orel: *Berliner Luft.* Hatje Cantz Verlag 2004, 256 S., 14,90 Euro. ISBN 3-7757-1416-2

D

Illusive
Der kleine Berliner Verlag „Die Gestalten“ arbeitet seit 1989 mit großer Lust am Experiment und sicherem Gespür für die jüngsten Trends an der Schnittstelle von Grafikdesign, Popkultur und Kunst. Ein tolles Beispiel für dieses Nischen-Engagement ist der Band „Illusive“, der in Interviews, Essays und hunderten von Bildern einen atemberaubenden, fast schon enzyklopädischen Überblick über die aktuellsten Arbeiten der internationalen Illustratoren-Avantgarde gibt.

Illusive. Contemporary Illustration and its context.
Die Gestalten Verlag 2005, 288 S., 44,00 Euro.
ISBN 3-89955-085-4

E

Berlin Street Art
Vor wenigen Jahren tauchten sie plötzlich in Berlin auf: böse, freche oder melancholische Figuren, realistisch gezeichnet oder im Comic-Stil, aus Papier geschnitten und mit Kleister an die nächste Hauswand geklebt. Heute gehört Berlin zu den Hochburgen dieser sogenannten „Street Art“, mit denen eine wachsende Gruppe von Künstlern die Graffitikunst der 80er-Jahre beerbt. Der Fotograf Sven Zimmermann hat in seinem Buch die aufregendsten Bilder dieser urbanen Subkultur festgehalten.

Sven Zimmermann: *Berlin Street Art.*
Prestel Verlag 2005, 96 S., 14,95 Euro.
ISBN 3-7913-3466-2

F

Das Berlin Buch 2006
Seit drei Jahrzehnten bündelt das Berliner Stadtmagazin „Zitty“ sein gesammeltes Metropolenwissen in seinem jährlich erscheinenden „Berlin Buch“. In zahlreichen Reportagen, Porträts und Features geben Berliner Journalisten hier Einblick in das aktuelle Kulturleben der Stadt, empfehlen spannende, historische Spaziergänge abseits touristischer Routen und erzählen, was die Menschen in Berlin so bewegt. Das rund 100-seitige Register am Ende des Buches mit ständig aktualisierten Kurzporträts von Museen, Galerien, Theatern, Kinos, Bars, Clubs und Geschäften bietet eine hervorragende Navigationshilfe beim Entdecken der Stadt. Ein Muss für Touristen und Neuberliner.

Das Berlin-Buch. Zitty Verlag 2005, 230 S., mit Stadtplan und DVD, 9,50 Euro. ISBN 3-922158-05-6

G

Mittebuch
Anfang der 90er-Jahre, kurz nach dem Fall der Mauer, galt Berlin Mitte noch als Schmelztiegel der Subkulturen: eine etwas heruntergekommene Gegend, in der leer stehende Gebäude von einer vielfältigen Klub- und Kneipenkultur besetzt wurden. Fünf Jahre später war es vorbei mit diesem lustigen Leben in der Werkstatt der Sehnsüchte. Mit den Kreativen aus aller Welt kamen auch die Investoren nach Mitte und der Stadtteil mutierte nach und nach zur Touristenattraktion. Das von Jörg Sundermeier und Verena Diehl herausgegebene „Mittebuch“ gibt einen wunderbar intensiven Eindruck vom Leben zwischen Geburt und Ende des Mythos Mitte, der Berlin zu einer der angesagtesten Metropolen der Welt machte.

Jörg Sundermeier, Verena S. Diehl (Hg.): *Mittebuch.*
Verbrecher Verlag 2003, 194 S., 12,30 Euro. ISBN 3-935843-10-0

H

Tucholsky in Berlin
Berlin und Provinzstadt: Der Berliner Schriftsteller Tucholsky warf seinen Mitbürgern – publizistisch – so manche Gehässigkeit vor die Füße. Seine ironischen und kritischen Artikel und Gedichte aus Feuilletons verschiedener Zeitungen von 1912 bis 1930 sind in diesem Buch vereint. Geschehnisse, Wörter und Dinge, die Tucholsky in seiner Umgebung auffallen, nimmt er unter die Lupe: Straßenbahnfahrer, Varieté, Tanzbälle, die Öffentlichkeit. Auch die Sozialkritik kommt nicht zu kurz – er prangert die Politik an. Tucholskys unterhaltsamer Blick auf die Stadt, kurz: „Es gibt nur ein Berlin!“

Nele Lenze (Hg.): Tucholksy in Berlin. Gesammelte Feuilletons 1912-1930.
Berlin Story Verlag, Dezember 2007, 160 Seiten, ca. 20 Abbildungen. 14,95 € ISBN 978-3-929829-71-6

SOMMER-WORKCAMPS

Schuften, feiern, Sprachen lernen

Ferien – ruhig am Strand rumliegen ... oder doch so richtig in den Schweiß kommen? In einem internationalen Workcamp können Jugendliche zum Beispiel in Frankreich einen Fluss in einen naturnahen Zustand zurückführen, in Litauen ein Festival organisieren oder in Belgien in einem Umweltzentrum tätig sein. Sie haben die Möglichkeit einen Sommer lang zu arbeiten und nebenbei Leute aus der ganzen Welt kennenzulernen.

Der Begriff „Arbeit" wird bei den Camps vorsichtig verwendet. Es geht vor allem darum, Vereinen oder Gruppen bei einer Arbeit zu helfen, die sie allein nicht umsetzen können. Die Workcamp-Teilnehmer bauen dann beispielsweise einen Jugendtreff aus oder gestalten einen Spielplatz. Andere Projekte konzentrieren sich auf Umweltschutz: Die Freiwilligen pflanzen Bäume, legen Parks an oder beobachten Vögel. Und es gibt die Angebote, in denen das Wort „Camp" im Vordergrund steht, da es um die internationale Begegnung geht. Die Teilnehmer betreuen Kinder, arbeiten mit Alten oder Behinderten.

In nahezu allen Camps kommen die Teilnehmer aus unterschiedlichen Ländern. Man lernt sich kennen, wenn man zusammenarbeitet, und man bekommt einen anderen Kontakt zu den Menschen vor Ort, wenn man nicht nur als Tourist auftritt. Das Wichtigste ist der Austausch, nicht die Arbeit. Gearbeitet wird natürlich trotzdem – die Unter-18-Jährigen schuften rund drei bis fünf Stunden am Tag, Ältere auch länger. Die Wochenenden sind in der Regel frei für Ausflüge.

Es gibt sehr unterschiedliche Anbieter: Der Internationale Bauorden in Worms beispielsweise organisiert nur Baulager. Die Helfer bauen überall dort, wo Hilfe notwendig ist. In den Sommercamps der Aktion Sühnezeichen Friedensdienste (ASF) steht häufig die Beschäftigung mit der deutschen Geschichte im Mittelpunkt. Die Teilnehmer arbeiten zum Beispiel in Konzentrationslager-Gedenkstätten.

Unterschiede gibt es auch bei der Unterbringung. Bei manchen Sommercamps wohnen die Teilnehmer in Gastfamilien. Dann sollten sich die Teilnehmer vorher erkundigen, ob Englisch oder Deutsch gesprochen wird, sonst kann es mit der Verständigung schon mal schwierig werden. Die Sommercamps sind in der Regel international, selbst wenn sie in Deutschland stattfinden. Englisch- oder Französischkenntnisse sind hier meist erforderlich.

Für die Sommercamps gibt es keine Bewerbungsverfahren. Mitmachen kann grundsätzlich jeder. Nur manchmal wird mit der Anmeldung ein Schreiben verlangt, in dem die Teilnehmer erklären müssen, warum sie sich für das gewählte Projekt interessieren. Wichtig ist schon, dass sie offen sind, neugierig und ein Mindestmaß an Selbstständigkeit mitbringen. Aber wer eigentlich in den Urlaub will, der sollte sich lieber irgendwo an einen Strand in die Sonne legen.

Lesen Sie den Text auf der gegenüberliegenden Seite. Entscheiden Sie, welche der Antworten (a, b oder c) passt. Es gibt jeweils nur eine richtige Lösung.

Beispiel:

(0) Workcamps sind Orte,

- [a] wo sich Jugendliche aus der ganzen Welt zum Feiern treffen.
- [X] wo Jugendliche arbeiten, sich gleichzeitig amüsieren und Sprachen lernen.
- [c] wo Jugendliche zu arbeiten lernen.

6 Arbeit in einem Sommercamp bedeutet,

- [a] anderen dabei zu helfen, etwas Gemeinnütziges zu verwirklichen.
- [b] alle Aufgaben mit Vorsicht umzusetzen.
- [c] in den Parks Vögel zu beobachten.

7 In Camps mit internationaler Begegnung

- [a] stehen die Angebote der ausländischen Betreuer im Vordergrund.
- [b] dürfen auch Kinder, Alte und Behinderte mitmachen.
- [c] kümmern sich die Teilnehmer um Kinder, Alte oder Behinderte.

8 Für Jugendliche unter 18

- [a] ist der Austausch das Wichtigste.
- [b] sind die Wochenenden frei.
- [c] dauert die Arbeit ungefähr drei bis fünf Stunden am Tag.

9 Wenn die Teilnehmer in einer Gastfamilie untergebracht werden,

- [a] dann müssen sie entweder Englisch oder Französisch sprechen.
- [b] dann sind keine Fremdsprachen erforderlich.
- [c] ist es für sie ratsam vor der Teilnahme nachzufragen, ob Englisch oder Deutsch gesprochen wird.

10 Für die Teilnahme an Sommercamps gilt:

- [a] Im Prinzip können alle teilnehmen.
- [b] Es werden nur diejenigen aufgenommen, die auch eine Bewerbung geschickt haben.
- [c] Es können grundsätzlich nur die Jugendlichen teilnehmen, die offen, neugierig und selbstständig sind.

Ihr könnt nach Hause gehen!

Christoph Leischwitz

Auf dem Platz: Ronaldinho, Adriano, Riquelme. Aber die meisten Fotos wurden von der Eckfahne gemacht. Eine Digitalkamera nach der anderen blitzte auf, vor dem Sucher freudig lachende Menschen mit erhobenem Daumen und dem Spruch: „Ist das Wasser drauf?“ Der vom starken Regen produzierte Wasserfall ergoss sich stundenlang auf die Ecke des Spielfeldes. Den ersten echten Freudenschrei stießen die Zuschauer erst aus, als ein Spieler dort einen Eckball ausführen musste. Ein Loch im Cabriodach der Frankfurter WM-Arena ist das, woran sich die meisten Leute erinnern, die eine Karte für das Confed-Cup-Finale hatten. Aber weiß noch jemand, wie es ausging? Wie die beiden Mannschaften taktisch eingestellt waren? Spielten ja auch nur Argentinien gegen Brasilien – die derzeit besten Mannschaften der Welt.

Fußball-Laien haben schon lange die Sitze in den großen Stadien übernommen, vor allem bei wichtigen Spielen, die im Fernsehen übertragen werden und bei denen die Karten mehr kosten als ein gutes Essen zu zweit. Ihre Motivation hat leider nicht immer mit dem Fußball selbst zu tun: Vielleicht kann man da mal in die Kamera winken. Ganz sicher kann man bei den Kollegen damit angeben, dass man hingeht. Dass man da war.

Oder man fühlt sich durch Sozialdruck zur Teilnahme verpflichtet. Fußball ist massentauglich geworden, weil es sich oft gar nicht mehr um ein Fußballspiel handelt, sondern um ein „Event“. Der Star bin ich, denn ich hab ein Ticket. Zum Stadionbesuch trägt die Dame High Heels und tiefes Dekolleté, der Herr Barbour-Jacke und Helmut-Lang-Jeans. Und das Schlimmste dabei: Gesehen werden zählt, nicht sehen. Dass viele von ihnen von den 90 Minuten eines Spiels nur 60 erleben, weil sie zu spät kommen, dann dreimal rausgehen um etwas zu essen zu holen, und zehn Minuten vor Abpfiff gehen, weil sie ja sonst im Parkhausstau stehen, stört sie folgerichtig nicht. Das Endergebnis hört man auch im Autoradio und überhaupt: Wer gegen wen war das gerade noch mal?

Ein Stadion randvoll mit echten, mitfiebernden Fans gibt es nur noch in der Zweiten oder Dritten Liga, in Dresden, Freiburg, Aachen. Bei großen Spielen sind die Arenen voll mit Eventtouristen, die einen schnellen Internetzugang haben oder das soziale Glück, jemanden zu kennen, der jemanden kennt. Viele von ihnen haben – außer beim Robbie-Williams-Konzert – noch nie ein Stadion von innen gesehen und werden womöglich tatsächlich glauben, die Stimmung sei gut. Über die Aufstellung aber muss man mit ihnen nicht diskutieren, und wie das Spiel ausging, werden sie da schon nicht mehr wissen. Der Spruch, wonach Fußball die schönste Nebensache der Welt ist – so war er nicht gemeint.

Lesen Sie den Text. Stellen Sie fest, wie der Autor des Textes folgende Fragen beurteilt: (a) positiv, (b) negativ bzw. skeptisch.

Beispiel:

(0) Wie beurteilt Christoph Leischwitz die Stimmung in der Frankfurter WM-Arena? **Lösung:** a

Wie beurteilt Christoph Leischwitz

11 die Mannschaften Argentinien und Brasilien?

12 die Gründe von Fußball-Laien, sich Karten für wichtige Spiele zu kaufen?

13 die Entwicklung des Fußballspiels zum Event?

14 das Interesse der „Eventzuschauer" am eigentlichen Fußballspiel?

15 die Fußball-Fans in der Zweiten und Dritten Liga?

Sie erhalten den folgenden Text. Leider ist der rechte Rand unleserlich.
Rekonstruieren Sie den Text, indem Sie jeweils das fehlende Wort an den Rand schreiben.

Singapur hat die schnellsten Fußgänger

Wie schnell bewegen sich Menschen in 32 Metropolen der Welt	zu	01
Fuß? Heimlich haben britische Forscher das alltägliche Rennen	in	02
32 Fußgängerzonen der Welt gemessen.		
Nirgends, so eins ihrer Resultate, laufen die Menschen schneller	______	16
in Singapur (10,55 Sekunden), nirgends lassen sie sich mehr	______	17
als in Blantyre im afrikanischen Malawi (31,60 Sekunden). Berlin	______	18
mit 11,16 Sekunden immerhin auf Platz sieben. Die Menschen in	______	19
Hauptstädten Kopenhagen, Madrid und Dublin schreiten noch ein	______	20
flinker. Die Methode der Forscher war denkbar simpel: Bewaffnet	______	21
Maßband und Stoppuhr postierten sich Teams am selben Tag und	______	22
selben Zeit an einem innerstädtischen Bürgersteig und stoppten	______	23
Zeit, die die Fußgänger für eine Distanz von 60 feet (18,29 m)	______	24
Dabei legten sie Wert darauf, dass der Weg gut zu begehen und	______	25
von Hindernissen war.		

Aufgabe 1

Als Reiseziel ist Österreich im Sommer wie im Winter bei vielen Touristen beliebt. Besonders Landhotels werden von Menschen, die viel Wert auf österreichische Gastlichkeit, gute österreichische Küche sowie Tradition, Brauchtum und Regionalität legen, bevorzugt.
Was glauben Sie, für welche der acht Hotels (A-H) würden sich die einzelnen Personen (1-5) interessieren?
Es gibt jeweils nur eine richtige Lösung. Es ist möglich, dass nicht für jede Person etwas Passendes zu finden ist. Markieren Sie in diesem Fall „negativ".

Aufgaben:

Welches der acht Landhotels wäre wohl interessant für jede der folgenden Personen?

1 Eva R., die während ihres Aufenthaltes in Österreich auch Ausflüge in andere Länder machen will?
2 Karl W., der ein Hotel sucht, in dem sich auch seine Kinder wohlfühlen?
3 Dietrich H., der im Urlaub gerne angelt.
4 Sarah M., die sich auch während des Urlaubs mit Bio-Produkten ernähren möchte?
5 Monika B., die zwar auf dem Land ihren Urlaub verbringen, aber auch die Stadt Salzburg kennenlernen möchte?

Beispiele:

Welches Hotel wäre von Interesse für

01 Dieter K., der für seine Firma einen Betriebsausflug plant? **Lösung:** C
02 Luise O., die ein Hotel mit hauseigenem Badestrand sucht? **Lösung:** negativ

A

Landhotel Locker
Stilvolles Wohnen in gemütlichem Ambiente und traditionelle steirische Gastlichkeit in familiärer Atmosphäre verbinden sich in der geschmackvollen Hotelanlage zu einer harmonischen Einheit. Ausgestattet mit Materialien von höchster Qualität sowie im hoteleigenen Swimmingpool und der großzügigen Gartenlandschaft finden Sie Ruhe, Entspannung und absoluten Wohnkomfort.

B

Landhotel Hohe Warte
Kleines, gemütliches, sehr ruhig gelegenes Haus. Abseits vom Lärm erwartet Sie ein gemütliches Feriendomizil. Das kleine Landhotel liegt oberhalb von Imst, auch das „Meran Nordtirols" genannt. Hier werden Sie verwöhnt. Der Chef persönlich kocht mit viel Liebe für seine Gäste: regionale und internationale Küche, Fondue oder Grillabende. Ideal gelegen für Wanderurlaub und Skisafaris.

C

Landhotel Ettlinger
„Wenn du einmal in Waldhausen warst, kehrst du stets zurück!" So lautet ein weiser Spruch der Waldhausener für diesen schönen Platz für Betriebsausflüge, Seminare, Natur- und Wanderfreunde. Komfortzimmer mit Balkon, Telefon, Satelliten-TV, DU und WC. Gemütliche Gaststube und Restaurant mit Kachelofen und Stehbar aus den 50ern, großer Wintergarten und solarbeheizter Pool mit Liegewiese. Ausgezeichnete Hausmannskost und saisonale Spezialitäten.

D

Landhotel Rosentaler Hof
Am Beginn des Rosentales, im kleinen Dörfchen Mühlbach gelegen. Das Herzstück ist der 1,2 ha große Naturpark mit Swimmingpool und alten Obstbäumen als Schattenspender. Weitere Annehmlichkeiten des Hotels: Restaurant mit Rosenzimmer, Teelounge und Bibliothek, Sauna, Hallenbad, Fitnessraum, Trekkingbikes, Tennisplätze, Fischen im eigenen Naturbach, Picknickservice und abwechslungsreiches Frühstücks- und Suppenbuffet.

E

Landhotel Birkenhof
Mitten im Weinbaugebiet Neusiedlersee. Ruhig und abseits der Hauptstraße ist hier der ideale Ausgangspunkt für Weinreisen, Radtouren und Ausflüge in den Nationalpark Neusiedlersee, nach Ungarn oder in die Slowakei. Unsere Zimmer sind mit Dusche, Bad, WC, Telefon, TV, Safe und Föhn ausgestattet. Außerdem bieten wir Ihnen einen Personenaufzug, rollstuhlgerechte Zimmer, eine Wohlfühl-Oase mit Sauna, Dampfbad und Solarium.

F

Landhotel Eichingerbauer
Unser gemütlich-familiär geführtes Hotel ist eingebettet in die sanfte Bergwelt des Salzkammergutes, sattes Grün so weit das Auge reicht und nur 20 Minuten von Salzburg entfernt. Die herzliche Gastlichkeit der Gastgeberfamilie und eine Vielzahl von wetterunabhängigen Aktivitäten im Hotel begeistern bereits viele Stammgäste.

G

Landhotel Preßlauer
Das kleine, familiäre Hotel auf der Sonnenterrasse des Gailtales mit dem mediterranen Flair Kärntens in traumhaft schöner Lage. Unser gemütliches, kinderfreundliches Landhotel befindet sich inmitten des Wanderparadieses Gailtaler Alpen in sonniger und ruhiger Südhanglage. Ein wunderschöner neu gestalteter Außenbereich mit großem Naturschwimmteich bietet Badevergnügen für Groß und Klein. Kinderspielplatz, Streicheltiere, Zoo, Gokarts, Spielraum u.v.m.

H

Landhotel Steindlwirt
Im Herzen des verträumten Dorfgasteins und zugleich wunderbar ruhig präsentiert sich unser Steindlwirt als ideale Urlaubsadresse. Ehrliche Gastlichkeit, moderner Komfort sowie eine fantasievolle bodenständige Spezialitätenküche sind bei uns Trumpf. Die geräumigen Zimmer lassen ebenfalls keine Wünsche offen.

Aufgabe 2

Angeblich ausgestorbene Schildkrötenart taucht wieder auf

20 Jahre lang wurde keine Batagur-Schildkröte mehr in Thailand gesichtet, sie galt in dem Land als ausgestorben. Jetzt aber ist einem Fischer ein lebendiges Exemplar ins Netz gegangen – das Tier wäre beinahe im Kochtopf gelandet.

Seit 1982 steht die Batagur-Schildkröte auf der Roten Liste der Weltnaturschutzunion IUCN. In Bangladesch und Indien gilt die Art – eine der größten asiatischen Süßwasserschildkröten – als vom Aussterben bedroht, in Thailand sogar als ausgestorben. Doch der Eintrag in dem Verzeichnis könnte sich nun ändern, denn im Westen Thailands hat ein Fischer eine Batagur-Schildkröte gefangen.

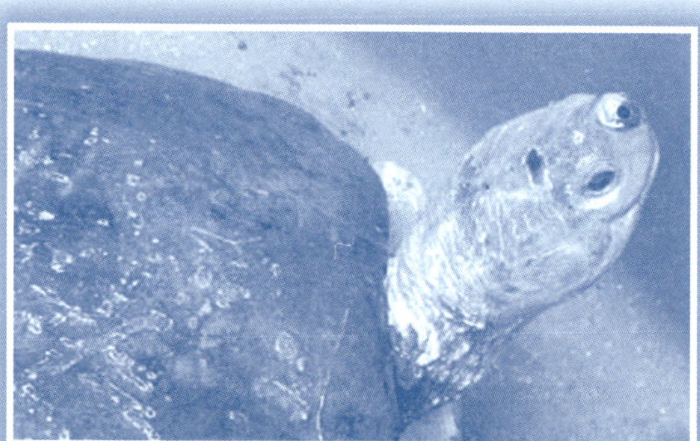

Batagur-Schildkröte: Dieses Exemplar ging einem thailändischen Fischer ins Netz.

Als der Dorfbewohner vor einer Woche sein Netz aus einem Kanal an der Andaman-Küste einholte, habe er darin eine außergewöhnliche, 50 Zentimeter große und 28 Kilogramm schwere Schildkröte entdeckt, teilte ein Sprecher des WWF Thailand mit. Sie habe sich als eine weibliche Batagur-Schildkröte *(Batagur baska)* herausgestellt. Ein Exemplar dieser Art sei in Thailand zuletzt vor zwei Jahrzehnten gesehen worden.

Früher hätten die Dorfbewohner jedes Jahr bis zu 1 000 dieser Sumpfschildkröten gefangen, sagte Chavalit Vidthayanon, ein Süßwasserbiologe von WWF Thailand. Eier und Fleisch von Schildkröten landen in südostasiatischen Ländern oft auf dem Esstisch, der Panzer wird zu Heilmitteln verarbeitet.

Mittlerweile ist laut WWF die Anzahl so weit zurückgegangen, dass man die Art in der freien Wildbahn für ausgestorben hält. Als Gründe nennt Vidthayanon, dass die Schildkröten gejagt und ihnen ihre Eier weggenommen wurden. So haben sie ihren Lebensraum und ihre Niststrände verloren. Manche sind in Fischernetzen ertrunken.

Das hätte der gefundenen Schildkröten-Dame wohl auch passieren können, denn laut WWF war sie offenbar auf dem Weg zu ihrem Nest. Das Tier solle nun zu einer Anlage des Fischereiamts gebracht werden, damit man sie dort pflege, bis sie wieder in die Freiheit entlassen werden könne. „Sie ist wahrscheinlich glücklich, dass sie nicht gefressen oder an einen Tierhändler verkauft wurde“, sagte Vidthayanon.

Dass die Batagur-Schildkröte in Thailand wiederentdeckt wurde, ist für WWF-Mitarbeiter Songpol Tippayawong „ein wichtiges Ereignis“. Es habe sich gezeigt, dass der natürliche Lebensraum, in dem die Schildkröte gefunden wurde, erhalten werden sollte.

Volker Homes, Artenschutz-Experte beim WWF Deutschland, ergänzt: „In Südostasien verliert ein Land nach dem anderen seine Schildkrötenanzahl, da Zehntausende oder gar Hunderttausende Tiere gegessen oder exportiert werden. Die Länder sind sich dessen durchaus bewusst und wollen auch etwas ändern“, so Homes. Allerdings müssten dazu auch die Verbraucher einlenken.

Aufgabe 2

Lesen Sie den Text auf der gegenüberliegenden Seite. Entscheiden Sie, welche der Antworten (a, b oder c) passt. Es gibt jeweils nur eine richtige Lösung.

Beispiel:

(0) Die Schildkrötenart, die vom Aussterben bedroht ist,

[a] kann gut tauchen.
[b] ist angeblich eine neu entdeckte Art.
[X] ist auf einmal wieder da.

6 Weil ein thailändischer Fischer eine Batagur-Schildkröte gefangen hat,

[a] ist eine Änderung im Verzeichnis der vom Aussterben bedrohten Tierarten möglich.
[b] gilt diese Schildkrötenart als nicht mehr ausgestorben.
[c] könnte diese Schildkrötenart im Verzeichnis als ausgestorben eingetragen werden.

7 Eier und Fleisch von Schildkröten

[a] werden dazu benutzt, um Heilmittel herzustellen.
[b] werden von Süßwasserbiologen bevorzugt.
[c] werden in südostasiatischen Ländern gern gegessen.

8 Warum gehören mittlerweile die Batagur-Schildkröten zu den ausgestorbenen Tierarten?

[a] Weil sie nicht mehr zu ihren Niststränden zurückkehren wollen.
[b] Weil sie keinen Lebensraum und keine Niststrände mehr haben.
[c] Weil sie oft bei der Rückkehr ertrinken.

9 Was bezeichnet Songpol Tippayawong als „ein wichtiges Ereignis"?

[a] Die Tatsache, dass er Mitarbeiter bei WWF ist.
[b] Die Tatsache, dass eine Batagur-Schildkröte gefunden wurde.
[c] Die Tatsache, dass der Lebensraum dieser Schildkrötenart natürlich erhalten worden ist.

10 Was ist nach Meinung von Volker Homes den Südostasienländern bewusst?

[a] Dass Zehntausende oder gar Hunderttausende Tiere exportiert werden müssen.
[b] Dass die Anzahl der Verbraucher immer größer wird.
[c] Dass die Schildkröten aussterben.

Azubi Zeiten

Tobias Peter

Arbeiten im Betrieb, büffeln in der Schule: Das ist das Duale System der Berufsausbildung. International genießen sie einen guten Ruf. Doch Gewerkschaften, Schüler- und Elternvertreter kritisieren mit Recht die Lage an den berufsbildenden Schulen.

Von A wie Atemlehrer, über T wie Tischler, bis Z wie Zupfinstrumentenmacher: Es gibt mehrere hundert anerkannte Berufe in Deutschland. Neun von zehn Auszubildenden erlernen ihren Beruf an zwei Orten: im Ausbildungsbetrieb und in der Berufsschule. Deshalb spricht man vom Dualen System der Berufsausbildung. Die Lehre dauert je nach Beruf zwei bis dreieinhalb Jahre. Für die Ausbildung im Betrieb sind Ausbilder und Meister zuständig. In der Schule gibt es natürlich Deutsch-, Mathe- und Sportunterricht, aber auch theoretisches Wissen für den Beruf wird vermittelt. Für deutsche Unternehmen ist die Berufsausbildung wichtig: Sie investieren jedes Jahr mehr als 27 Milliarden Euro in die betriebliche Ausbildung. Im Gegensatz dazu spielt die betriebliche Ausbildung in den meisten anderen Ländern eine geringere oder keine Rolle.

Schwachpunkt im System ist allerdings der Unterrichtsausfall: In den Berufsschulen wird die vorgesehene Zahl an Pflichtstunden oft nicht erreicht. 1991 hatten die Kultusminister der Länder festgelegt, dass zwölf Stunden Unterricht pro Woche Pflicht sein sollen. Im Schuljahr 2000/2001 sei diese Zahl allerdings von 43 Prozent der Berufsklassen nicht erreicht worden, so das Institut der Deutschen Wirtschaft in Köln. Außerdem ist die technische Ausstattung der Schulen allzu häufig völlig unzureichend. Viele Kraftfahrzeugmechaniker lernen dort mit Geräten, die in ihren Betrieben schon vor Jahren aussortiert worden seien.

Aber es gibt auch anderes. In den Gewerblichen Schulen Donaueschingen in Baden-Württemberg ist die Welt in Ordnung. In dem dreistöckigen Gebäude-Komplex lernen in manchen Klassen nur 15 Schüler; dort gibt es auch Maschinen im Wert von einer Viertel Million Euro und fünf Computerräume mit jeweils dreizehn Rechnern.

Das Duale System hängt stark von der Wirtschaftslage ab. Ist die schlecht, stellen die Firmen weniger Lehrlinge ein. Dabei lohnen sich Lehrlinge für die Betriebe. In einer repräsentativen Befragung von 2500 Firmen wurde herausgefunden, dass die Ausbildung des eigenen Nachwuchses meist billiger ist als Fachkräfte auf dem Arbeitsmarkt zu suchen und einzuarbeiten. Im Durchschnitt kostet ein Auszubildender während einer dreijährigen Lehre dem Betrieb 7 344 Euro, erwirtschaftet oder spart aber gleichzeitig 5 765 Euro.

Dennoch steckt das Duale System in einem nur schwer auflösbaren Dilemma. Denn die Mängel, die in der Pisa-Studie für die allgemeinbildenden Schulen festgestellt wurden, werden an das Berufsbildungssystem weitergereicht. In den Berufsschulklassen sitzen oft Schüler, die nicht ausreichend rechnen und lesen können. Die Firmen haben aber höhere Anforderungen an die Lehrlinge als noch vor zwanzig Jahren. Immer mehr Betriebe beklagen, dass sie für Ausbildungsplätze keine qualifizierten Bewerber finden.

Lesen Sie den Text. Stellen Sie fest, wie der Autor des Textes folgende Fragen beurteilt: (a) positiv, (b) negativ bzw. skeptisch.

Beispiel:

(0) Wie beurteilt der Autor den Ruf der deutschen Berufsausbildung im Ausland? **Lösung:** a

Wie beurteilt der Autor

11 die Bedeutung der Berufsausbildung für deutsche Unternehmen?
12 die fehlenden Unterrichtsstunden in den Berufsschulen?
13 die technische Ausstattung vieler Berufsschulen?
14 die Anzahl der Schüler in den Klassen der Gewerblichen Schulen Donaueschingen?
15 das Bildungsniveau vieler Azubis?

Sie erhalten den folgenden Text. Leider ist der rechte Rand unleserlich.
Rekonstruieren Sie den Text, indem Sie jeweils das fehlende Wort an den Rand schreiben.

Greeklish (aus *greek* und *english*)

Mit dem Aufkommen der Computer im privaten Bereich,	die	**01**
nur über den englischen Schriftsatz verfügten, wurde	das	**02**
Greeklish, das die lateinschriftliche Transkription	______	**16**
Griechischen ist, praktisch neu erfunden. Im frühen Internet		
wurde es weiter verbreitet und sehr schnell populär. Greeklish		
wird gewöhnlich in der griechischsprachigen Kommunikation		
im Internet, sowie für den SMS-Verkehr	______	**17**
Mobiltelefonen verwendet. Der Gebrauch des Greeklish	______	**18**
Bereich von geschäftlichen Nachrichten gilt als unangebracht.		
Vor einigen Jahren begann in griechischen Internetforen	______	**19**
Diskussion gegen die Verwendung des Greeklish, das man	______	**20**
unschön und unlesbar empfand. Als Gegenargument	______	**21**
vorgebracht, dass gerade im Ausland lebende Griechen		
Computer benutzen, die die griechische Schrift	______	**22**
unterstützen. Das gilt vor allem, wenn sie Computer	______	**23**
Universitäten oder in Internetcafés benutzen.		
In letzter Zeit haben sich die technischen Möglichkeiten	______	**24**
verbessert, aber inzwischen hat sich Greeklish in manchen		
Kreisen als „schick“ etabliert, weil es schneller einzugeben	______	**25**
und die griechische Orthografie vernachlässigt werden kann.		

10 Aufgabe 1

Das Kino zählt seit jeher zu den beliebtesten Freizeitbeschäftigungen bei Jung und Alt. Was glauben Sie, für welche der acht Filmvorstellungen (A-H) würden sich die einzelnen Personen (1-5) interessieren?
Es gibt jeweils nur eine richtige Lösung. Es ist möglich, dass nicht für jede Person etwas Passendes zu finden ist. Markieren Sie in diesem Fall „negativ".

Aufgaben:

Welche der acht Filmvorstellungen wäre wohl interessant für jede der folgenden Personen?

1. Boris, 15, mag Geschichten, in denen Männer ihren Mut beweisen müssen.
2. Annette, 19, interessiert sich dafür, wie Ausländer in Deutschland leben.
3. Doris, 18, nimmt Anteil an dem Schicksal von Frauen, die von ihrem Partner verlassen werden.
4. Markus, 17, möchte wissen, wie andere junge Leute ihren Traumberuf verwirklichen.
5. Gregor, 16, sieht am liebsten spannende Kriminalgeschichten.

Beispiele:

Welche Filmvorstellung wäre von Interesse für folgende Personen?

01 Verena, 17, möchte erfahren, wovon andere junge Mädchen träumen und wie sie ihren Alltag meistern.
Lösung: B

02 Dennis, 16, sieht gerne Lebensgeschichten großer Meister. **Lösung:** negativ

A

Bravo, Hanks junior!
Hat er das von Papa gelernt? Colin Hanks, der Sohn von Tom Hanks, brilliert in der Teeniekomödie „Nix wie raus aus Orange County". Er spielt den Möchtegern-Schriftsteller Shaun, der mithilfe seiner Freundin Ahley an die Stanford-Uni will.

B

Zwei Mädchen suchen das Glück
„Nordrand" ist ein kleiner, aber sehr feiner Film von Barbara Albert. Im Mittelpunkt des beeindruckenden Debüts stehen die Schülerinnen Tamara und Jasmin. Sie leben in einer Hochhaussiedlung von Wien und schlagen sich mehr recht als schlecht durchs Leben. In Episoden erzählt der Film von ihren Träumen und Sorgen.

C

Pizza speciale, Herr Ober!
Die Tragikomödie „Solino" inszeniert Regisseur Fatih Akin mit südländischem Herzblut.
Die italienische Familie Amato eröffnet in den Sechzigern die erste Pizzeria des Ruhrgebiets und kämpft um die Anerkennung in der fremden Gesellschaft.

D

Eine Frage der Ehre
Der britische Soldat Harry steht am Beginn einer glänzenden Militärkarriere. Und privat hat er mit seiner Verlobten Ethne das große Glück gefunden. Aber eine folgenschwere Entscheidung reißt das Glück aus den Fugen: Harry quittiert 1884 den Armeedienst, weil er nicht gegen sudanesische Rebellen in den Krieg ziehen will. Seine drei besten Freunde und Ethne sind entsetzt und schicken ihm „Die vier Federn" als Symbol für Feigheit. Einsam und von allen verachtet, reist Harry allein in den Sudan, um seinen Mut zu beweisen und so seine Ehre zu retten.

E

Beamen Sie sich hin!
Die unermüdliche Crew der „Enterprise" bricht zu ihrem zehnten Leinwand-Abenteuer auf und der Mix aus Spannung und Science-Fiction macht auf jeden Fall Laune.
Angeblich, so Gerüchte, ist dies die letzte Fahrt der „Enterprise". Schade!

F

Jünger geht´s nimmer
... denn in „Der Felsen" verliebt sich Katrin, 35, in Malte, 17. Die Story: Es sollte ein Liebesurlaub werden, aber alles kommt anders – auf Korsika macht Jürgen Schluss mit seiner Geliebten Katrin. Diese sucht Trost bei Alkohol und Männern, verliert den Boden unter den Füßen. Bis sie Malte begegnet ...

G

Plötzlich ist der Professor weg
Der Wissenschaftler Sebastian Caine hat eine Substanz entwickelt, die unsichtbar macht. Caine ignoriert alle Risiken und startet einen Selbstversuch. Das Experiment gelingt, er verschwindet für einige Stunden, doch die Nebenwirkungen sind gewaltig: Die Droge macht extrem aggressiv, und der nette Professor wird allmählich unberechenbar.

H

Eine Lovestory, die das Leben schrieb
Den Stoff für seine warmherzige Komödie „Der Sohn der Braut" fand der argentinische Regisseur J.J. Campanella bei seinen eigenen Eltern. Der gestresste Restaurantchef Rafael kriegt den längst überfälligen Herzinfarkt, als sein Vater die an Alzheimer erkrankte Mutter heiraten will – nach 40 Jahren wilder Ehe!

Geld als Therapie

In New York City werden viele Kinder und Jugendliche seit Neuestem für etwas bezahlt, was sie ohnehin tun müssen: zur Schule gehen.

Die ersten Beträge wurden bereits überwiesen: Grundschüler, die im Vormonat mindestens 95% der Stunden absolvierten, bekamen 25 Dollar aufs Familienkonto, Schüler der Highschool erhielten sogar 50 Dollar pro Monat.

Die Belohnungen sind Teil eines Modellversuchs, mit dem der New Yorker Bürgermeister Menschen aus der Unterschicht in Vorzeigebürger verwandeln will. 2550 Familien in East Harlem, Brownsville und vier anderen Problemvierteln New Yorks machen bereits mit. Sie sind zumeist schwarz und arm. Eine vierköpfige Familie etwa hat nur ca. 20 000 Dollar im Jahr zur Verfügung.

Durch das Belohnungs-Experiment können die Familien ihr Einkommen erheblich aufbessern – falls sie einer Vielzahl von Pflichten nachkommen, die sie bisher vernachlässigt haben. Sie müssen die Kinder zur Schule schicken, aber auch Elternabende besuchen, Vorsorgetermine beim Zahnarzt wahrnehmen oder etwa einer Vollzeitarbeit nachgehen.

Das Projekt „Opportunity NYC“ ist ein Beispiel für ein wichtiger werdendes Feld der Psychologie: Welche Anreize wirken, damit Bürger ihr Verhalten ändern? Das betrifft auch die guten Vorsätze, die viele zum Jahreswechsel fassen: Wie kann man abnehmen, wie endlich mit dem Rauchen aufhören?

Neue Studien deuten nun auf einen wirksamen Anreiz: Geld als Therapie.

Forscher der Johns Hopkins University School of Medicine in Baltimore, Maryland, haben Drogensüchtigen und Kettenrauchern Schecks ausgehändigt, wenn diese es schafften, an einem fünftägigen Entwöhnungskurs teilzunehmen. Und siehe da: Zahlungen in Höhe von 50 oder auch 100 Dollar waren viel wirksamer als gutes Zureden.

16,3% der Raucher hatten nach 75 Tagen das Rauchen aufgegeben. In der Kontrollgruppe, deren Mitglieder kein Geld bekamen, war dies nur 4,6% gelungen.

Die Fachleute waren über die Ergebnisse überrascht, denn die finanzielle Belohnung ist gering im Vergleich zu den Summen, die ein Kettenraucher sparen kann, wenn er sich nicht mehr jeden Tag Zigaretten kauft. Das aus ökonomischer Sicht irrationale Verhalten liegt den Forschern zufolge in der Psychologie der Menschen begründet. Diese ließen sich durch Anreize in der Zukunft viel schlechter motivieren als durch Belohnungen, die sie im Hier und Jetzt erhalten.

Menschen schieben ihre guten Vorsätze gern auf die lange Bank, weil sie Opfer bringen müssen und sind zu Verhaltensänderungen bereit, die in der Zukunft liegen, weil die erst einmal nichts kosten. Wenn dann die Stunde der Wahrheit heranrückt, werden viele Menschen schwach – genau in dieser Phase können Geldgeschenke das Bedürfnis nach sofortiger Belohnung offenbar befriedigen.

Kritiker sind gegen die Belohnungs-Experimente: Die Gesellschaft dürfe doch nicht Kettenraucher und Schulschwänzer für ein Verhalten belohnen, das für viele andere selbstverständlich ist. Um Proteste gar nicht erst aufkommen zu lassen, hat New Yorks Bürgermeister das 53 Millionen Dollar teure Programm ausschließlich mit Spendengeldern finanziert. Doch wenn die Anreiz-Experimente erfolgreich verlaufen, könnte gutes Verhalten bald auch mit Steuergeldern belohnt werden – die gesundheitlichen Folgen der Süchte sind am Ende noch teurer.

Lesen Sie den Text auf der gegenüberliegenden Seite. Entscheiden Sie, welche der Antworten (a, b oder c) passt. Es gibt jeweils nur eine richtige Lösung.

Beispiel:

(0) Welche Schüler in New York City werden dafür bezahlt, dass sie zur Schule gehen?

- [a] Alle Schüler der Grundschule oder der Highschool, die aus der Unterschicht kommen.
- [b] Schüler einiger Stadtviertel, die aus armen Familien mit einem Jahreseinkommen von etwa 20 000 Dollar stammen.
- [x] Grundschul- oder Highschool-Schüler aus Problemvierteln, die im Monat 95% der Stunden absolviert haben.

6 Die Familien, die an dem Experiment teilnehmen,

- [a] bestehen aus vier Familienmitgliedern.
- [b] müssen viele Pflichten erfüllen.
- [c] verdienen 20 000 Dollar im Jahr.

7 Das Projekt „Opportunity NYC" zeigt,

- [a] wie Anreize auf die Änderung des Verhaltens wirken.
- [b] wie viele Menschen gute Vorsätze zum Jahreswechsel fassen.
- [c] wie Entwöhnungskuren bei Drogensüchtigen und Kettenrauchern wirken.

8 Warum zeigt das Projekt Erfolg?

- [a] Weil die finanzielle Belohnung hoch ist.
- [b] Weil das Verhalten der Menschen irrational ist.
- [c] Weil Belohnungen, die man gleich bekommt, motivierend sind.

9 Die meisten Menschen sind zu Verhaltensänderungen bereit,

- [a] wenn sie Opfer bringen müssen.
- [b] wenn sie sofort belohnt werden.
- [c] wenn das Jahr wechselt.

10 Was wird an dem Experiment kritisiert?

- [a] Dass es mit Steuergeldern belohnt wird.
- [b] Dass es mit Spendengeldern finanziert wird.
- [c] Dass ein Verhalten belohnt wird, das für viele Menschen selbstverständlich ist.

Warum dicke Männer glücklich machen

Nikola Haaks

Ich habe neulich einen Mann kennengelernt, den ich auf der Stelle heiraten sollte. Dieser Mann sah nicht besonders gut aus, trug keine tollen Klamotten und war nur mittelwitzig. Trotzdem habe ich gedacht, mit diesem Mann zu leben muss ein Traum sein. Denn er hat eine ordentliche Portion gegessen. Er verspeiste bei einer Abendeinladung kommentarlos vier Gänge mit zwei reellen Nachschlagportionen von der Poulardenbrust in warmer Balsamicosoße. Und das Beste daran: Er hatte einen kleinen Bauch, der darauf schließen ließ, dass er regelmäßig derartige Portionen zu sich nimmt. Ich war begeistert. Sie schreien jetzt wahrscheinlich laut auf, weil Sie seit zwei Jahren versuchen, Ihrem Kerl den Bauch wegzudiäten, aber das ist mir vollkommen egal.

Ich finde, es ist an der Zeit, mal ein Plädoyer für gut genährte Männer zu schreiben. Und Sie können mir glauben: Ich tue dies aus einem gewissen Leidensdruck heraus. Die Männer, mit denen ich größere Teile meines Lebens verbracht habe, hatten vor allem eines gemeinsam: Sie waren dünn. Sehr dünn. Gut genährte Männer kamen in meinem bisherigen Männerkanon einfach nicht vor, dabei hätte ich nichts lieber als einen gut genährten Mann. Ich bin nämlich ein bisschen verfressen, das gebe ich hier ganz unumwunden zu. Ich bin nicht dick, aber verfressen. Und ich will einen Mann, der dicker ist als ich. Einen Mann, mit dem ich genussvoll essen kann, ohne mich später im Bett neben ihm wie die Alpen zu fühlen.

Andere Frauen mögen dünne Männer super finden, ich dagegen finde dünne Männer schlichtweg eine Gemeinheit. Es gibt eigentlich drei Kategorien von ihnen: Sie bleiben dünn wegen einer erhöhten Fettverbrennung infolge des wahnwitzigen Leistungssports, den sie in ihren Jugendjahren betrieben haben. Oder aber sie sind Feinschmecker, sie können vorzüglich kochen und die tollsten Menüs kreieren, werden aber schnell satt. Genießen sei eine Sache der Qualität – sagen diese Männer dann – nicht der Quantität, was ich jedoch bezweifle. Zu guter Letzt ist noch der Genuss-Nihilist zu erwähnen. Seine dem Essen abgeneigte Haltung entspringt meist einem penetranten Gesundheitsgedanken.

Ich habe beschlossen, nichts mehr mit dünnen Männern zu haben. Essen ist definitiv eine zu existenzielle Sache, um sich dabei jedes Mal schlecht zu fühlen. Und man macht sie in einer Beziehung ja auch vergleichsweise oft gemeinsam. Vergessen Sie das Gerede von ähnlicher sozialer Herkunft, gleicher Lebenseinstellung und übereinstimmendem Humor: Die Grundlage einer funktionierenden Liebesbeziehung ist ein identisches Essverhalten und eine ähnlich geartete Fettverbrennung. Außerdem ist unbedingt drauf zu achten, dass sich nicht nur die Geschmäcker ähneln, sondern auch die proportional zur Körpergröße aufgenommene Nahrungsmenge.

Ich möchte nur noch mit Männern am Tisch sitzen, die sich genauso freudig wie ich die Nudeln auf den Teller schaufeln und mich anschließend anflehen, ihnen doch bitte, bitte den Nachschlag zu überlassen. Männer, die bei einem ausgedehnten Frühstück ohne mit der Wimper zu zucken vier bis fünf Brötchen essen und mir das Gefühl geben, dass meine drei Schrippen eine wirklich übersichtliche Diätportion seien. Männer, die nicht nach ihrer täglichen Chips-Schokolade-Cola-Ration sagen: „Ich weiß auch nicht, warum ich nicht zunehme.“ Und vor allem Männer, die mindestens zwei Jeansgrößen größer tragen als ich und sich beim Umarmen nicht anfühlen wie eine Sprossenwand. Beim Körpervolumen hört für mich die Emanzipation nämlich auf.

Lesen Sie den Text. Stellen Sie fest, wie die Autorin des Textes folgende Fragen beurteilt: (a) positiv, (b) negativ bzw. skeptisch.

Beispiel:

(0) Wie beurteilt Nikola Haaks das Aussehen ihres neuen Bekannten? **Lösung:** b

Wie beurteilt Nikola Haaks

11 den Bauch ihres Bekannten als Zeichen seiner Gewohnheit viel und gut zu essen?
12 das Gefühl, weniger als ihr Partner zu wiegen?
13 die Ansicht, der Genuss habe nur mit der Qualität einer Speise zu tun?
14 die Wahrscheinlichkeit, dass sie eine Beziehung mit einem dünnen Mann eingeht?
15 die gemeinsamen Essgewohnheiten des Paares als Voraussetzung für eine erfolgreiche Beziehung?

Sie erhalten den folgenden Text. Leider ist der rechte Rand unleserlich.
Rekonstruieren Sie den Text, indem Sie jeweils das fehlende Wort an den Rand schreiben.

Ernährung und Kinder

Nach Ansicht von Ernährungswissenschaftlern braucht ein		
Kind täglich drei Hauptmahlzeiten, davon eine warm,	sowie	**01**
zwei Zwischenmahlzeiten – etwa eine Frucht oder ein Joghurt.		
Dabei ist besonders auf eine ausgewogene Mischung zu	achten.	**02**
Um Übergewicht zu vermeiden, sollten 7- bis 9-jährige	______	**16**
ein vielfältiges Lebensmittelangebot bekommen. Süßes sollte	______	**17**
Besonderes bleiben, das ihnen nicht dauernd zur Verfügung	______.	**18**
Aber Kinder können trotzdem zunehmen, wenn sie	______	**19**
nicht bewegen. Daher sollten sie sich daran gewöhnen,	______	**20**
Schule und zu ihren Freunden zu laufen, statt mit dem Auto	______	**21**
zu werden. Die Eltern sollten unbedingt darauf achten, wie	______	**22**
ihre Kinder vor dem Fernseher sitzen. Jede Verringerung ist		
positiv.		
Die Schulen sollten auch darüber informieren, wie man sich	______	**23**
ernährt. Was man kauft und wie man es zubereitet, sollte in den	______	**24**
integriert werden, zum Beispiel in Mathematik oder Biologie. Was	______	**25**
Schulkiosk angeboten wird, sollte auf die Lehrinhalte abgestimmt sein.		

11 Aufgabe 1

Fünf Personen suchen im Internet nach einer geeigneten Schule.
Was glauben Sie, für welche der acht Schulen (A-H) würden sich die einzelnen Personen (1-5) interessieren?
Es gibt jeweils nur eine richtige Lösung. Es ist möglich, dass nicht für jede Person etwas Passendes zu finden ist. Markieren Sie in diesem Fall „negativ".

Aufgaben:

Welche der acht Schulen wäre wohl geeignet für jede der folgenden Personen?

1 Einen Mann, dessen Sohn in der Pubertät ist und der ihn gern in eine Schule mit starker Schulgemeinschaft schicken möchte.
2 Eine alleinerziehende Mutter, die eine Grundschule für ihre Tochter sucht, in der es für Notfälle auch Betreuung am Nachmittag gibt.
3 Einen Schüler, der bald die Schule beendet und später den Bauernhof seiner Eltern übernehmen möchte.
4 Ein Paar, dessen Sohn auf das Gymnasium kommt und als hochbegabt gilt.
5 Eine Gymnasiastin, die in ihrem jetzigen Gymnasium unzufrieden ist, weil sie keinen Chemieunterricht hat.

Beispiele:

Welche Schule wäre von Interesse für

01 Einen Geschäftsmann, der oft mit seiner Frau auf Geschäftsreise geht und dessen Kinder deshalb oft über eine Woche allein sind. **Lösung:** negativ
02 Eine Mutter, deren 4-jährige Tochter musisch begabt ist und gefördert werden soll. **Lösung:** C

A

Lernen auf der Reise
Kinder beruflich Reisender sind vor allem Kinder aus Schaustellerfamilien, von Zirkusangehörigen und von ambulanten Händlern. *Schule unterwegs* will sie bei der schulischen Bildung unterstützen und damit die Unterrichtssituation für die reisenden Schülerinnen und Schüler wie auch für Lehrerinnen und Lehrer erleichtern. Für diese Kinder gibt es in Nordrhein-Westfalen eine eigene Schule mit Schulmobilen und reisenden Lehrkräften. Die Lehrerinnen und Lehrer der Schule für Zirkuskinder in NRW kommen zu den Kindern von Familienzirkussen, um ihnen auf dem Zirkusplatz Unterricht zu erteilen.

B

Deutsche Schule
Die Deutsche Schule Barcelona ist eine integrierte Begegnungsschule mit bikulturellem Schulziel. Sie bietet deutschen und spanischen Schülern einen überwiegend gemeinsam durchlaufenden, zwölfjährigen Bildungsgang. Er schließt mit der Reifeprüfung ab und ermöglicht darüber hinaus die Teilnahme an den spanischen Hochschuleingangsprüfungen. Der Unterricht ist so angelegt, dass die gemeinsame Zielsetzung für alle Schüler unabhängig von ihrer jeweiligen Muttersprache erreichbar ist.

C

Lübecker Schule
Seit über 20 Jahren gibt es die Musikschule der Gemeinnützigen. Viele hundert Menschen haben hier mit unserer Hilfe das Spielen eines Instrumentes erlernt, in den verschiedenen Orchestern oder Bands mitgewirkt. Musizieren mit kindgerechten Instrumenten und Materialien aus dem Musikgartenprogramm unterstützen die musikalischen Neigungen Ihres Kindes. Seit vielen Jahren hat sich die musikalische Förderung für Kinder im Vorschulalter bewährt. Gleichzeitig werden die Kinder bestens auf den Besuch der Grundschule vorbereitet.

D

Lise-Meitner-Schule
1979 wurde die Lise-Meitner-Schule als Oberstufenzentrum für naturwissenschaftlich interessierte Schülerinnen und Schüler gegründet. Neben Chemie, Physik und Biologie, Mathematik und Informatik finden auch geisteswissenschaftliche Fächer wie Deutsch, Geschichte, Fremdsprachen, Kunst und Darstellendes Spiel an unserer Schule ihr Zuhause. Schülerinnen und Schüler werden praxisnah in apparativ gut ausgestatteten Fachräumen und Laboratorien in Berufsschule, im Beruflichen Gymnasium, in der Fachoberschule und in der Berufsfachschule für Technische Assistentinnen und Assistenten unterrichtet. Ein Internetcafé, eine umfangreiche Bibliothek und je ein auch anderen Schulen offenstehendes Gen- und Neurobiologielabor ergänzen das Bildungsangebot.

E

Merz-Schule mit angeschlossenem Kindergarten
Der private, staatlich anerkannte Merzkindergarten bietet drei- bis sechsjährigen Kindern Platz in drei altersgemischten Gruppen. In einer harmonischen und anregenden Umgebung werden die Kinder durch gezielte Klein- und Gesamtgruppenaktivitäten, Freispiel und Beschäftigung mit dem einzelnen Kind in ihrer geistigen, sozialen und motorischen Entwicklung optimal gefördert und auf die Grundschule bestens vorbereitet. Unsere wöchentlichen Angebote in den Bereichen Sport, Musik, Rhythmik, Folklore, Jazz-Tanz, Bergsport, Verkehrserziehung, Vorschule, Geigen und Kunsterziehung finden bei den Kindern größten Anklang.

F

Katholische Privatschule
Im ureigenen Interesse macht sich die Katholische Privatschule in Südtirol stark für die Entfaltung der Religiosität der Schüler und orientiert sich am Bildungsziel des Gymnasiums: der allgemeinen Studierfähigkeit. Sie entdeckt das Lateinische und Griechische neu, fördert die musische sowie die sportliche Erziehung. Ihren Schwerpunkt legt sie ebenso auf Charakter- und Geistesbildung wie auf Gründlichkeit und Tiefendimension beim Umgang mit Wissen. Ein weiteres Charakteristikum dieses Schultyps liegt in der Harmonie der Schulgemeinschaft, bestehend aus dem Träger, den Lehrern und Schülern, den Eltern und Förderern, aber auch den ehemaligen Schülern.

G

Goethe-Gymnasium
Das Goethe-Gymnasium in Frankfurt hat die Förderung von Schülerinnen und Schülern mit besonderen Begabungen in das erstellte Schulprogramm integriert. Die individuelle Förderung in jeder Klassenstufe beschränkt sich zurzeit bei Bedarf auf die Teilnahme am Fachunterricht einer höheren Klasse, die Freistellung für besondere außerschulische Veranstaltungen, die Teilnahme an nationalen und internationalen Wettbewerben mit begleitender Vorbereitung, das Überspringen einer Jahrgangsstufe bei Begabung im kompletten Fächerkanon und die Möglichkeit, bis zu vier Leistungskurse zu wählen. Zusätzlich ist die Schule erfreulicherweise in der Lage, ergänzende Bildungsangebote zu machen, wie u.a. das Abiturfach Japanisch und die Möglichkeit zum Ablegen des Internationalen Abiturs (IB).

H

Fachschule des Landes Südtirol
Die Fachschule für Landwirtschaft ist eine dreijährige Vollzeitschule des Landes Südtirol und schließt mit einer Diplomprüfung ab. Das Berufsbild ist der/die landwirtschaftliche Unternehmer/-in oder der/die qualifizierte Assistent/-in für Land- und Forstwirtschaft, Umweltschutz und Landschaftspflege. Die Lehrprogramme sind sehr praxisorientiert und haben einen hohen Anteil an allgemeinbildenden Fächern. Die Schüler haben dabei die Möglichkeit, sehr selbstständig zu arbeiten und in Projekten ganzheitlich zu lernen, um für zukünftige Herausforderungen gerüstet zu sein.

Astrid Lindgren

Unmöglich, sich nicht von dieser Frau und ihren herzerwärmenden Geschichten verzaubern zu lassen. Von Pippi Langstrumpf, Michel aus Lönneberga, Ronja Räubertochter und all den anderen kleinen großen Helden ihrer Fantasiewelt.

Astrid Lindgrens Leben in Zahlen – das sind mehr als 90 veröffentlichte Bücher, 30 Millionen verkaufte Exemplare in Deutschland, 145 Millionen weltweit. Allein „Pippi Langstrumpf" erschien in 57 verschiedenen Sprachen. Dazu kommen rund 30 Verfilmungen ihrer Bücher. Allesamt gemacht für Kinder, denen sie ein Recht auf Meinung und eine Stimme gegeben hat zu einer Zeit, in der Kinder vor allem eins mussten: gehorchen.

Am 14.11.1907 kommt Astrid Ericsson auf einem Pfarrhof im schwedischen Vimmerby zur Welt. Ihre unbeschwerte Kindheit in dem geliebten Elternhaus wird zum Vorbild für ihre späteren Bücher. Mit 18 wird sie schwanger von einem viel älteren Mann, den sie nicht heiraten will. Für die damalige Zeit erstaunlich emanzipiert, geht sie ihren Weg allein. In dem Dorf, in dem schon Astrids Kurzhaarschnitt für Aufsehen sorgte, sieht sie vorerst keinen Platz für eine ledige Mutter und zieht nach Stockholm, um ihre Familie vor der Schande zu schützen. Das junge Mädchen macht eine Ausbildung zur Sekretärin, ihren Sohn Lasse muss sie schweren Herzens bei Pflegeeltern lassen. Eine Zeit voller Einsamkeit, Armut und Hunger beginnt, bis sie den Jungen schließlich zu sich holt. Heiraten wird sie erst 1931, und zwar ihren Chef Sture Lindgren, Direktor des Königlichen Automobilklubs, den sie gern hat, wie sie sagt. Verliebt sei sie nie gewesen. Kinder haben immer eine größere Rolle in ihrem Leben gespielt als Männer. Aus ihrer Ehe mit Sture stammt Tochter Karin, die einmal den Namen Pippi Langstrumpf erfinden wird, um von ihrer Mutter Märchen über das verwegene Mädchen zu hören.

Die Familie zieht in eine helle, große Wohnung in Stockholm. An einem Tag im Jahr 1944 rutscht die Mutter auf Glatteis aus, verstaucht sich den Fuß und muss eine Woche im Bett bleiben. Die Erzählungen über Pippi, die Tochter Karin so liebt, schreibt Astrid Lindgren nun auf. Das Buch, zuerst als Geburtstagsgeschenk geplant, wird Bestseller und löst eine Debatte über Kindererziehung aus.

Ihr Leben lang hat sich die Schriftstellerin bescheiden als „Bauernmädchen aus Vimmerby" gesehen – Rummel um ihre Person wollte sie nicht. „Ich bin kein verflixter Promi und auch kein Nationalmonument" hat sie sich charakteristisch geäußert. Als eine Straße auf Furusund nach ihr benannt werden sollte, lehnte sie ab. Genutzt hat es nichts, heute tragen allein 200 deutsche Schulen ihren Namen. Mit Preisen wurde sie schon zu Lebzeiten überschüttet, darunter der Friedenspreis des Deutschen Buchhandels und der Alternative Nobelpreis. Wichtig waren sie ihr nicht. Ihre Prominenz hat sie im Alter dann doch noch genutzt, um sich politisch einzumischen. Ihr Märchen „Pomperipossa in Monismanien" über die hohen Steuerforderungen in Schweden setzte Gesetzesänderung und Regierungswechsel in Gang. In den 80ern löste sie eine Tierschutzdebatte um Massentierhaltung aus. Mit dem Erfolg, dass der unbequemen Dame zum 80. Geburtstag vom Minister ein verbessertes Tierschutzgesetz geschenkt wurde. Auch engagierte sie sich für humanes Sterben. „Es ist ´n Scheiß, alt zu werden", hat Astrid Lindgren wie immer voller Selbstironie gesagt, als Augen und Ohren nachließen, sie das Schreiben aufgeben musste und noch ein Schlaganfall dazukam.

Am 28. Januar 2002 ist sie im Alter von 94 Jahren sanft in ihrer Stockholmer Wohnung entschlafen.

Lesen Sie den Text auf der gegenüberliegenden Seite. Entscheiden Sie, welche der Antworten (a, b oder c) passt. Es gibt jeweils nur eine richtige Lösung.

Beispiel:

(0) Astrid Lindgrens Bücher

- [a] sind in 57 verschiedenen Sprachen erschienen.
- [x] handeln von Kindern, die ihre Meinung vertreten dürfen.
- [c] richten sich an Kinder, die gehorchen müssen.

6 Inwiefern war Astrid Lindgren eine emanzipierte Frau?

- [a] Weil sie mit 18 ein Baby bekam.
- [b] Weil sie nicht im Dorf leben wollte.
- [c] Weil sie eine ledige Mutter war.

7 Welches Verhältnis hatte Astrid Lindgren zu Männern?

- [a] Sie wollte sie nicht heiraten.
- [b] Sie waren ihr nicht so wichtig wie Kinder.
- [c] Sie hatte sie gern.

8 Das erste Buch von Astrid Lindgren

- [a] handelt von Kindererziehung.
- [b] hatte sofort großen Erfolg.
- [c] sind Erzählungen ihrer Tochter.

9 Woran ist Astrid Lindgrens großer Ruhm zu erkennen?

- [a] Eine Straße in Deutschland ist nach ihr benannt.
- [b] In Deutschland baute man für sie ein Monument.
- [c] Viele Schulen in Deutschland sind nach ihr benannt.

10 In welcher Hinsicht war Astrid Lindgren auch politisch aktiv?

- [a] Sie erreichte, dass Steuern gesenkt und Tiere besser geschützt wurden.
- [b] Sie hat Gesetze geändert.
- [c] Sie setzte das humane Sterben durch.

Konflikttraining in der Schule

Hendrik Steinkuhl

Kein Wort wird Inken Benthien an diesem Dienstag so oft sagen, hören und lesen wie das Wort „Gewalt“. „Jewalt“ in rheinischem Dialekt, Gewalt mit türkischem Akzent, „Gewald“ mit d und „Gehwalt“ mit h buchstabiert. Ihre Absicht ist gut: Inken Benthien studiert Politikwissenschaften in Münster und schreibt ihre Magisterarbeit in einer Forschungsgruppe, die den Umgang mit Gewalt in fünf mittelgroßen Städten untersucht. Heute will die 26-jährige Inken Benthien an der Heimbach-Realschule in Troisdorf Schüler befragen.

Bei der Schülerbefragung zeigen sich verschiedene Bilder: Einige Klassen sind ruhig, die Schüler brav und höflich; das liegt an Klassenlehrerin Ruth Mühlenmeister. Sie betont, dass sie Kinder aus schwierigen Verhältnissen nicht vorschnell verurteilen will. Als es in der Klasse doch für einen Moment laut wird, erhebt Mühlenmeister ihre sanfte Stimme zu einem deutlichen „Ruhe!“. Sofort legt sich der Lärm. In anderen Klassen herrscht das Chaos: Auf dem Boden liegt Müll, die Kinder kreischen, der Physiklehrer kann die Frage, welche Klasse er gerade unterrichte, nicht beantworten.

Vor zwei Jahren ging es noch schlimmer zu: ständige Schlägereien, Diebstähle, Mobbing, Gruppen, die den Schulhof unter sich aufgeteilt hatten. Als die Schulleitung nicht mehr weiterwusste, empfahl die Kriminalpolizei, die eigenen Schüler anzuzeigen. Als das auch nicht half, führte die Polizei einen Schüler aus dem Unterricht ab, der drei Flaschen Saft gestohlen hatte. Bedauerlicherweise konnte man nur so wieder Ordnung in der Schule schaffen. Mittlerweile hat sich die Lage deutlich gebessert, nur Mobbing ist noch ein Problem.

Im Konflikttraining für die Lehrer scheint sich der Eindruck zu bestätigen, dass die meisten von ihnen reine Einzelkämpfer sind, unfähig und gar nicht willens, im Team zu arbeiten. Es dauert lange, bis sie sich widerwillig in der Aula zusammengefunden haben. Auf einem kleinen Fernseher sehen sie, wie eine Streberin mit geflochtenen Zöpfen gemobbt wird. Polizist Jürgen Ringhausen bittet die Lehrer, die Szene zu analysieren, doch nur einer ist engagiert und meldet sich immer wieder, die anderen halten sich zurück. Nur drei haben Zettel und Stift mitgebracht.

Inken Benthien vertreibt sich die Zeit, indem sie die ausgefüllten Fragebögen durchblättert: Nur wenige Kinder geben an, sie würden mit Gegengewalt reagieren. Nur ganz wenige aber schaffen es auch, einen Satz ohne Fehler zu schreiben. „Ich währe mich“, ist da zu lesen, „bei gewald zuhelfen“, und „ürgend eine falsche Antwort“. Man könnte darüber lachen, wenn das alles nicht so schlimm wäre. Denn die Verhältnisse, aus denen die Kinder kommen, sehen nicht ermutigend aus: Zum Elternabend mit Konflikttraining haben sich nur zehn Mütter und ein Vater angemeldet. Eingeladen waren die Erziehungsberechtigten von rund 60 Kindern.

Lesen Sie den Text. Stellen Sie fest, wie der Autor des Textes folgende Fragen beurteilt: (a) positiv, (b) negativ bzw. skeptisch.

Beispiel:

(0) Wie beurteilt Hendrik Steinkuhl die Ziele von Inken Benthien? **Lösung:** a

Wie beurteilt Hendrik Steinkuhl

11 den Einfluss der Lehrer und Lehrerinnen auf das Schülerverhalten?
12 die Tatsache, dass die Polizei zur Wiederherstellung der Ordnung in die Schule gerufen wurde?
13 die veränderte Lage an der Heimbach-Realschule?
14 die Bereitschaft der Mehrheit der Lehrer, aktiv etwas gegen die schulische Gewalt zu unternehmen?
15 die Verhältnisse, aus denen die meisten Kinder kommen?

Sie erhalten den folgenden Text. Leider ist der rechte Rand unleserlich.
Rekonstruieren Sie den Text, indem Sie jeweils das fehlende Wort an den Rand schreiben.

Tierversuche – wann kommt endlich das Aus?

In Deutschland sind Tierversuche für Kosmetika seit Jahren	verboten .	**01**
Somit gehört das Land in Europa zu den Pionieren,	was	**02**
Tierschutz und Kosmetika betrifft. Ende der 90er-		**16**
gab es ähnlich lautende Gesetze nur in weiteren drei	:	**17**
in Österreich, in den Niederlanden und in Großbritannien.		
Nach langem Ringen schlossen sich dann vor drei Jahren		**18**
übrigen europäischen Länder an. In nächster Zeit		**19**
Tierversuche für die Schönheit laut neuen Regelungen immer		**20**
aus Europa verbannt werden. Seit dem Jahr 2004 dürfen		**21**
keinem Land der EU Fertigprodukte, z.B. Cremes, getestet	.	**22**
2009 soll die zweite Stufe folgen: Das Verbot gilt dann auch		**23**
die Prüfung der Rohstoffe von Kosmetika.		
Ab 2013 ist in der EU der Verkauf von Kosmetikprodukten,		**24**
Rohstoffe am Tier getestet wurden, verboten.		
Europa wäre im Kosmetikbereich in 7 Jahren tierversuchsfrei,		**25**
dieser Zeitplan eingehalten wird.		

12 Aufgabe 1

Fünf Personen suchen nach einem idealen Reiseziel.
Was glauben Sie, für welches der acht Reiseziele (A-H) würden sich die einzelnen Personen (1-5) interessieren?
Es gibt jeweils nur eine richtige Lösung. Es ist möglich, dass nicht für jede Person etwas Passendes zu finden ist. Markieren Sie in diesem Fall „negativ".

Aufgaben:

Welches der acht Reiseziele wäre wohl interessant für jede der folgenden Personen?

1. Eine Hausfrau, die im Urlaub ihrem Lieblingshobby Wandern nachgehen möchte?
2. Einen Geologie-Professor, der auf Reisen gern Fotos für seine Seminare an der Universität macht.
3. Einen Archäologen, der eine Vorliebe für die chinesische Zivilisation und Kunst hat?
4. Eine Kunsthistorikerin, die feierliche Stimmung und Einkaufsmöglichkeiten zu schätzen weiß?
5. Eine Journalistin, die für ihre Zeitung einen Artikel über eine westeuropäische Großstadt verfassen will?

Beispiele:

Welches Reiseziel wäre von Interesse für

01 Einen Angestellten, der unter „Urlaubsort" eine exotische Insel möglichst weit weg von Europa versteht? **Lösung:** *A*

02 Einen Lehrer, der Land und Leute in Norddeutschland kennenlernen möchte? **Lösung:** negativ

A

Ko Samui, das Badeparadies
Türkis schimmerndes Meer, einsame Puderzuckerstrände, magische Tempel, geheimnisvolle Regenwälder: Thailand ist eine Sinfonie für die Sinne, die an jedem Ort in einer anderen Tonart erklingt. Die Zeitschrift *Urlaub Perfekt* stellt die fünf schönsten Inseln vor, beginnend mit Ko Samui: Das Meer lacht kristallklar und die Strände leuchten blütenweiß – wer gern badet, wird die Kokospalmeninsel lieben. Vor allem für Unterwasserfans ist Ko Samui ein wahres Paradies: Faszinierende Tauchgründe locken mit exotischen Papageienfischen, Zackenbarschen oder Muränen.

B

Weihnachtliche Stimmung im Big Apple
Der unangefochtene Klassiker unter den Christmas-Shopping-Zielen ist New York. Kurz vor Weihnachten verwandelt sich die Metropole in ein funkelndes Lichtermeer. Zu keiner Jahreszeit scheint die Stadt verführerischer und bezaubernder als im winterlichen weißen Kleid, wenn in den Kaufhäusern „Jingle Bells" und „Rudolph the Red-Nosed Reindeer" weihnachtliche Stimmung verströmen. Zu den Höhepunkten gehören sicherlich die festlich geschmückte Fifth Avenue und das Rockefeller Center, vor dem der größte Weihnachtsbaum des Landes unter 30 000 glitzernden Glühbirnen erstrahlt. Selbst die Bewohner stehen dann Schlange, um in den bunt dekorierten Schaufenstern nachgestellte Szenen der amerikanischen Geschichte, Figuren aus Charles-Dickens-Romanen und Ballett tanzende Puppenmodelle zu bewundern.

C

Entdecken Sie das Land am Nil!
Das Land der Pharaonen ist gleichzeitig auch das Land der Taucher, der Sonnenhungrigen, der Wüstenabenteurer und der Bildungsreisenden. Es sind nicht gerade wenige Superlative, mit denen das Land am Nil aufwarten kann. Es gilt als die Wiege der Zivilisation und als die älteste Bürokratie der Menschheit. Hier wurde die Steinbauarchitektur erfunden, deren früheste Zeugin, die Stufenpyramide von Saqqara, man noch heute bewundern kann. Hier entdeckten Archäologen die ältesten Schriftstücke der Menschheitsgeschichte, und hier kann man das letzte erhaltene Weltwunder der Antike sehen: die Pyramiden von Gizeh.

D

Verfallen Sie dem Zauber
Sensible Seelen erleben auf Capri einen faszinierenden Schaukelzustand zwischen Spannung und Entspannung. Es ist vor allem die grandios-gewaltige Natur, geballt auf dieser kaum 11 km² großen Felseninsel, die einen magisch in ihren Bann zieht. Der Charme dieses Eilands besteht aber nicht zuletzt darin, dass sich optisch seit 150 Jahren kaum etwas verändert hat. Die Besucher finden hier auf dem Land noch ein ähnliches bukolisches Flair wie die in Axel Munthes Bestseller „Das Buch von San Michele“ beschriebene Atmosphäre. Im Ort Capri selber gibt's hingegen einen radikalen Szenenwechsel in die Gegenwart: Auf der berühmten Piazzetta treffen sich Modeschöpfer, Künstler und Jachtbesitzer ebenso wie Schaulustige und Tagestouristen aus aller Welt. Sie alle finden und lieben das Gleiche auf der Insel: eine Mischung aus ländlicher Idylle und gleichzeitig eine gewisse Kultiviertheit, gepaart mit exklusivem mediterranem Touch.

E

Eine Schönheit mit vielen Gesichtern
Stadt der Liebe, der Mode, der Gastronomie, der Kunst oder auch die Lichterstadt. Paris war schon immer eine Metropole, für die das Beste gerade gut genug war, eine Stadt der Superlative. Schneller, schöner, größer, glänzender als andere. Es genügt, an einem Dezemberabend den dann von 135 000 Glühbirnen zum Glänzen gebrachten, 2,5 km langen Prachtboulevard Champs-Élysées entlang zu schlendern oder in dem zu jeder Tages- und Nachtzeit quirligen Studenten- und Vergnügungsviertel Saint-Germain-des-Prés von einem Straßencafé aus das bunte Treiben zu beobachten, um vom Virus dieser Stadt angesteckt zu werden.

F

Eine Welt für sich
Die Kreter legen zwar großen Wert auf ihre Zugehörigkeit zu Hellas, betrachten sich aber zugleich als ein ganz besonderes Völkchen. Die Insel ist so groß, dass man sie in einem Urlaub kaum völlig kennenlernen kann. Von West nach Ost misst Kreta 260 km, von Nord nach Süd bis zu 60 km. Kreta ist eine sehr gute Urlaubsinsel für Badebegeisterte und Müßiggänger, für Wanderer und Naturfreunde. Unübertroffen aber ist Kreta als Ziel für Studienreisende. Vor allem die Zeugnisse aus minoischer Zeit, 3 500 bis 4 000 Jahre alt, sind auf der ganzen Welt einzigartig. Knossós und Festós erzählen von der ersten Hochkultur auf europäischem Boden. Faszinierend ist die landschaftliche Lage vieler Ausgrabungsstätten auch aus späterer Zeit.

G

Eine Stadt im Wandel
Moskau gleicht keiner anderen europäischen Stadt, es wirkt auf Besucher wie ein überdimensionales, reiches russisches Dorf. Die Stadt war jahrhundertelang Residenz russischer Zaren und ist heute als Hauptstadt Russlands der Schnittpunkt Asiens und Europas. Hier spürt man das Aufeinanderprallen verschiedener Kulturen in der Architektur, aber auch im lebendigen Völkergemisch auf den Märkten und Straßen.
Die Geschichte der Stadt ist am stärksten spürbar in ihrem Kern, wo Kreml und Roter Platz die Fäden von Vergangenheit und Gegenwart verknüpfen und fast magnetisch alles an sich zu ziehen scheinen: Macht, Geschichte und die Touristen. Die Stadt ist im Lauf der Jahrhunderte kreisförmig immer weiter um dieses Zentrum herum gewachsen.

H

Ein seltsames Gemisch aus Frost und Feuer, aus Bergen und Wüsten, Lava und Meer
Island ist ein Land voller Gegensätze, Überraschungen und Geheimnisse. In dieser archaischen Vulkanlandschaft fühlt man sich in die Urzeit der Erdentstehung versetzt. Gefährlich dünn ist an manchen Stellen die Erdkruste, und die brodelnden, dampfenden Löcher gewähren den Blick ins Innere unseres immer noch glühenden Planeten. Doch was für die Menschen im Mittelalter nur bedrohlich und fremd war, was sie sich als Teufelswerk und Eingang zur Hölle erklärten, das wissen die Isländer des 21. Jhs. trefflich zu nutzen. Die Lava dient als Baumaterial, die Erdenergie wird in Strom umgewandelt, und das heiße Wasser wärmt Häuser und Schwimmbäder. Die Isländer haben gelernt, auf dem Vulkan zu tanzen.

Doping fürs Gehirn

Jahrelanges Üben am Klavier oder Cello, fanden Forscher heraus, verändert bei Berufsmusikern Teile der Großhirnrinde. Und es fördert sogar die Intelligenz.

„Professionelles Musizieren auf hohem Niveau gehört zu den schwierigsten menschlichen Leistungen", sagt der Neurologe und ausgebildete Flötist Eckart Altenmüller, „Gehörsinn, Motorik, Körperwahrnehmung und Hirnzentren, die Emotionen verarbeiten, werden gleichzeitig beansprucht." Dieses Dauertraining, fand der Forscher heraus, hinterlässt Spuren im Gehirn.

Altenmüller und seine Mitarbeiter verglichen mithilfe eines Elektroenzephalogramms (EEG) die Gehirnaktivitäten von professionellen klassischen Pianisten und Laien miteinander. Sie stellten fest, dass bei Profis Hör- und Bewegungsbereiche miteinander verbunden sind. Schon die Reizung nur eines der beiden Felder reicht aus, um das jeweils andere automatisch mit zu aktivieren. Dem Pianisten kribbelt es also in den Fingern, wenn er nur Musik hört. Anfänger können schon nach zehnminütigem Üben diese auditorisch-sensomotorische Koppelung erwerben, die aber nur von kurzer Dauer ist. Erst nach ungefähr fünf Wochen Training festigen sich die Verknüpfungen.

Mit jahrelangem Musizieren nimmt auch die Vernetzung der Nervenzellen des Hörzentrums zu. Ein dicker Nervenstrang verbindet die rechte Gehirnhälfte mit der linken und insbesondere Gebiete, die für die Planung und Ausführung von Handlungen verantwortlich sind. Diese Verbindung ist bei Musikern ausgeprägter. Bei Kindern, die vor dem siebten Lebensjahr mit dem Musizieren begonnen haben, ist sie besonders stark. Vergrößert sind bei ihnen ebenfalls Hand- und Hörbereiche im Gehirn.

„Musizieren trainiert aber noch viel mehr, nämlich Konzentrationsfähigkeit, Ausdauer, Verfolgen langfristiger Ziele", behauptet Altenmüller, „also Dinge, die jeder Personalchef schätzt." Diese Ansichten teilt auch Hans Günther Bastian, Professor für Musikpädagogik in Frankfurt am Main. Sechs Jahre lang beobachtete er an Berliner Grundschulen musizierende Sechs- bis Zwölfjährige. Die Befunde sind erstaunlich: Musikalisch hochbegabte Kinder sind in der Regel auch sehr intelligent.

Musik- und Instrumentalunterricht sowie Ensemblespiel verbesserten zudem soziale Kompetenz, Teamfähigkeit, emotionale Stabilität und Reflexionsfähigkeit. Die Zahl der Schüler, die in den Klassen isoliert waren, sank deutlich. Bastian plädiert daher für eine „Bildungspolitik mit Musik", denn die sei „die beste Sozialpolitik". Der Intelligenzquotient stieg auch bei sozial benachteiligten und in ihrer Entwicklung wenig geförderten Kindern an.

Dass der Mensch Hunderte von Melodien wiedererkennen und behalten kann, aber nur Bruchstücke von Texten, zeigt, wie gut das Gehirn für die Speicherung von Tönen geeignet ist. Sogar die Gefühle, die beim Musikhören entstehen, konnten von den Forschern gemessen werden. Dabei nehmen Männer und Frauen Musik unterschiedlich wahr. Durch positive oder negative Höreindrücke wurden bei Frauen größere Hirnbereiche als bei Männern aktiviert, dafür bei Männern aber einzelne Bereiche stärker.

Lesen Sie den Text auf der gegenüberliegenden Seite. Entscheiden Sie, welche der Antworten (a, b oder c) passt. Es gibt jeweils nur eine richtige Lösung.

Beispiel:

(0) Jahrelanges Üben an Musikinstrumenten

[a] verändert das Berufsbild der Musiker.
[b] erweitert die Großhirnrinde.
[X] verstärkt die Intelligenz.

6 Was bewirkt das Dauertraining?

[a] Einen neurologischen Schaden.
[b] Emotionale Veränderungen.
[c] Eine Veränderung im Gehirn.

7 Der Vergleich professioneller Pianisten und Laien miteinander zeigte, dass

[a] bei Laien Hör- und Bewegungsbereiche ausreichend gereizt werden.
[b] beide ein Kribbeln in den Fingern fühlen, wenn sie Musik hören.
[c] bei Profis Hör- und Bewegungsbereiche in Zusammenhang stehen.

8 Was wird bei Musikern besonders herausgebildet?

[a] Die Planung, die für die Ausführung von Handlungen zuständig ist.
[b] Eine stärkere Verbindung zwischen den beiden Gehirnhälften.
[c] Das Hörvermögen.

9 Nach Meinung von Forschern

[a] trägt Musizieren zur Entwicklung von Konzentration, Ausdauer und Zielverfolgung bei.
[b] werden Musiker von Personalchefs mehr geschätzt.
[c] sind alle musikalisch begabten Kinder hochintelligent.

10 Was behaupten Forscher über den Musikunterricht?

[a] Schüler, die kein Musikinstrument spielen, werden isoliert.
[b] Kinder aus sozial benachteiligten Verhältnissen zeigten eine höhere intellektuelle Leistungsfähigkeit.
[c] Sie verlangen Musik statt Bildung.

Liebe global

Irene Stratenwerth

Was heißt „Ja“ auf Finnisch? Auf Arabisch, Chinesisch oder Suaheli? Das romantischste aller Versprechen wird in Deutschland in rund 150 verschiedenen Sprachen gegeben. Bei jeder vierten Ehe, die in Berlin geschlossen wird, kommt einer der Partner nicht aus Deutschland, bundesweit ist bereits jede sechste Ehe binational.

Parallelgesellschaft, Ausländergetto, Abschottung gegenüber der Sprache und den Werten im Einwanderungsland – die dramatischen Schlagworte haben bei genauer Betrachtung mit der Alltagswirklichkeit wenig zu tun. Integration findet tagtäglich statt, in Millionen Familien. Und allem Gerede vom Kampf der Kulturen zum Trotz geht das erstaunlich oft gut: Binationale Ehen enden nicht häufiger vor dem Scheidungsrichter als deutsch-deutsche Partnerschaften.

Endlich einmal die Normalität und nicht die Probleme des interkulturellen Zusammenlebens aufzuzeigen ist auch das Ziel einer kleinen Studie, die der Berliner Senat herausgegeben hat. Die Studie zeigt, dass die Erfahrung einer solchen Partnerschaft fast immer als Bereicherung empfunden wird. Weil man einen anderen Kulturkreis, andere Familienverhältnisse kennengelernt, die Angst vor dem Fremden verloren hat und einfach anpassungsfähiger und flexibler geworden ist. Und dies sagen die Paare selbst dann, wenn am Ende eine Trennung steht.

In Multikulti-Partnerschaften gibt es häufig einen großen und vorteilhaften Vorschuss an Leidenschaft, Optimismus und Neugier. Denn jemanden aus einem ganz anderen Land zu heiraten ist ein Schritt aus der Normalität heraus. Der Alltag mit seinen Konflikten und Forderungen an die Kompromissfähigkeit holt diese Paare dann allerdings genauso schnell ein wie ihre monokulturellen Nachbarn.

Bereits 20 Prozent unserer Bevölkerung, so stellte das Statistische Bundesamt mit der Mikrozensus-Erhebung kürzlich fest, haben Wurzeln in einer anderen Kultur: Neben 7,3 Millionen Ausländern ohne deutschen Pass sind dies weitere 9 Millionen Deutsche mit „Migrationshintergrund“. Also beispielsweise Eingebürgerte, Spätaussiedler oder die zweite und dritte Generation der ehemaligen Gastarbeiter. Jedes vierte Kind hat mindestens einen nichtdeutschen Elternteil. Die Familie wird so zur Werkstatt für neue Lebensformen. Und davon können vor allem die Kinder profitieren. Weil sie oft mehrere Sprachen beherrschen und ihnen der Wechsel zwischen verschiedenen Kulturen leichtfällt, sind sie besonders fit für die Zukunft. Dies gilt allerdings nicht, wenn die Familie materielle Not leidet – dadurch verkehrt sich der Vorteil schnell ins Gegenteil.

In der eigenen Familie erfahren die Multikulti-Kinder nicht zuletzt etwas über die handfesten Probleme dieser Welt. Denn in der Regel haben ihre Eltern sich in Deutschland kennengelernt, und Vater oder Mutter hat nicht etwa Fernweh oder Lust auf Exotik zu uns geführt. Alleinstehende Männer kommen oft als Flüchtlinge aus den Krisenregionen nach Deutschland; alleinstehende Frauen machen sich vor allem aus Asien und Osteuropa auf die Suche nach einer Lebensperspektive im Westen.

Um dem Verdacht von Scheinehen nachzugehen, wird viel Geld aufgewandt. Ratsam wäre jedoch auch zu erforschen, wie Millionen Menschen die Völkerverständigung im Alltag gelingt. Würden Familien nicht mehr als Keimzelle des Staates, sondern einer globalisierten Welt betrachtet, ließen sich vermutlich viele Zukunftsfragen lösen.

Lesen Sie den Text. Stellen Sie fest, wie die Autorin des Textes folgende Fragen beurteilt: (a) positiv, (b) negativ bzw. skeptisch.

Beispiel:

(0) Wie beurteilt die Autorin die Integration der multikulturellen Familien in Deutschland? **Lösung:** *a*

Wie beurteilt die Autorin

11 die Stabilität binationaler Ehen im Vergleich zu monokulturellen Ehen in Deutschland?

12 die Ziele der vom Berliner Senat herausgegebenen Studie?

13 den Einfluss des Alltags auf Partnerschaften?

14 das Leben in binationalen Familien als Vorbereitung der Kinder auf die Zukunft?

15 die Notwendigkeit von Untersuchungen über die Völkerverständigung im Alltag?

Sie erhalten den folgenden Text. Leider ist der rechte Rand unleserlich.
Rekonstruieren Sie den Text, indem Sie jeweils das fehlende Wort an den Rand schreiben.

Abhängigkeit und Sucht

Bei Abhängigkeit und Sucht handelt es sich um	ein	**01**
zwanghaftes Bedürfnis und darum, dass man	auf	**02**
eine bestimmte Substanz angewiesen ist. Es wird psychischer und körperlicher Abhängigkeit unterschieden.	______	**16**
Es gibt zahlreiche unterschiedliche Drogen, die eine auslösen können.	______	**17**
Insgesamt leiden 5-7% der Bevölkerung unter Abhängigkeit. Die Ursachen für die Suchtentstehung sind	______	**18**
vielfältig und reichen von der Verfügbarkeit einer Droge	______	**19**
hin zu Persönlichkeitsstrukturen und Faktoren, die die Gesellschaft zurückzuführen sind.	______	**20**
Den angenehmen Wirkungen wie Glücksgefühl, Abbau Hemmungen, Euphorie, Steigerung der Leistung und	______	**21**
Halluzinationen folgen Nebenwirkungen wie zum Schlafstörungen, Organschädigungen und Infektionen (z.B. HIV und Hepatitis), Vergiftungserscheinungen und soziales und gesellschaftliches Herunterkommen.	______	**22**
Die Therapie erfolgt in mehreren Schritten. An erster Stelle die Motivation, gefolgt von körperlichem Entzug, Entwöhnung	______	**23**
und Nachbetreuung. Sie basiert auf guter Zusammenarbeit zuständigen Stellen wie Psychiater, Klinik, Sozialarbeiter	______	**24**
und Selbsthilfegruppe. Ein anhaltender Verzicht wird nur einem Drittel der Fälle erreicht.	______	**25**

13 Aufgabe 1

Fünf Personen möchten etwas in München unternehmen.
Was glauben Sie, für welche der acht Angebote (A-H) würden sich die einzelnen Personen (1-5) interessieren?
Es gibt jeweils nur eine richtige Lösung. Es ist möglich, dass nicht für jede Person etwas Passendes zu finden ist. Markieren Sie in diesem Fall „negativ".

Aufgaben:

Welches der acht Angebote wäre wohl interessant für jede der folgenden Personen?

1 Elfriede. Sie will ihren Freund zu einer Vorstellung des klassischen Theaters einladen.
2 Max. Er hört gern italienische Opern.
3 Hubert. Er ist Anhänger von sportlichen Sensationen.
4 Andrea. Sie interessiert sich leidenschaftlich für Sammlungen und Kunst.
5 Monika. Sie möchte gern eine Zirkusvorstellung besuchen.

Beispiele:

Welches Angebot wäre von Interesse für

01 Uwe. Er möchte die letzte Nacht des Jahres nicht zu Hause verbringen. **Lösung:** A
02 Elena. Sie möchte gern Salsa tanzen gehen. **Lösung:** negativ

A

Tollwood Winterfestival
Das Winter-Tollwood schlägt vom 28. November bis zum 31. Dezember zum achten Mal die Zelte auf der Theresienwiese auf. Höhepunkte des diesjährigen Festivals sind die Tollwood-Eigenproduktion „Der verkaufte Großvater", der Auftritt von Bob Geldof, die Klassiker „Caveman" und „Cavewoman" und die abschließende Silvesterparty mit Feuerwerk. Kunstprojekte, Konzerte, Performances und Lesungen im Weltsalon ergänzen das Festival. Für die Vorstellungen gibt es bereits Karten im Vorverkauf.

B

Apassionata – Die Galanacht der Pferde
Islandpferde und Saddlebreds kämpfen im Nordmeer, pechschwarze Menorquins tanzen zu argentinischem Tango, Samurais zeigen atemberaubende Trickreiterei in einem Meer aus Kirschblüten. Eine Reise um die Welt auf dem Rücken der Pferde präsentiert die Gala *Apassionata* mit dem Programm „Grand Voyage" vom 4. bis 6. Januar in der Olympiahalle. Umrahmt von einer noch nie mit Pferden gezeigten Lichtkomposition, einer opulenten, wie immer speziell für *Apassionata* komponierten Musik und Live-Acts aus Musikern und Tänzern bezaubert *Apassionata* mit einem exzellenten Showprogramm für die ganze Familie.
Veranstaltungsdaten: Apassionata - Grand Voyage, 4.-6. Januar, Olympiahalle, Spiridon-Louis-Ring 21, 80809 München

C

Die Lange Nacht der Museen
90 Häuser in einer Nacht – und nur einmal Eintritt zahlen!
Am 20. Oktober ist es soweit: Dann öffnen zwischen 19 Uhr und 2 Uhr in der Früh beinahe 100 Museen, Galerien, Sammlungen und Kirchen zur *Langen Nacht der Münchner Museen* ihre Pforten. Erlebnishungrige, Kunstliebhaber, Nachteulen und alle Kulturinteressierten dürfen sich auf ein abwechslungsreiches Programm freuen. Der Kunstgenuss wird komplettiert durch Musik, Führungen, Performances und durch Spiele mit Licht. Und damit auch alle Highlights erreicht werden können, sind Shuttlebusse eingesetzt. Die sorgen im 10-Minuten-Takt für einen bequemen Transfer zwischen den beteiligten Museen.
Lange Nacht der Münchner Museen, Samstag, 20.10., 19:00-2:00 Uhr, diverse Museen in München

D

Air & Style

Snowboard-Action im Dauerlauf

Es ist wieder soweit: Am 1. Dezember wird die bedeutendste Snowboard Veranstaltung Europas, die *Air & Style,* München ein drittes Mal zum Zentrum der Sport- & Lifestyleszene machen. Mit der Actionsportart Freestyle Snow Mobile (FSX) setzt sie neue Akzente. Unterstützt von drei Live-Acts kämpft die absolute Elite des Snowboarding, gespickt mit Olympiasiegern, X-Games-Gewinnern und Air & Style Champions um die begehrteste Trophäe im Weltzirkus. Die fünfzehnte Auflage des Air & Style führt eine völlig neue Actionsportart ein – Freestyle Snow Mobile (FSX).

Veranstaltungsdaten: Air & Style, Samstag, 1. Dezember, Olympiastadion, Spiridon-Louis-Ring, 80809 München

E

Rolando Villazón

Der Startenor kommt wieder nach München

Der gefeierte Opernsänger Rolando Villazón kehrt nach mehrmonatiger Pause zurück auf internationale Bühnen. Im Rahmen seiner Tour besucht er auch München, und zwar mit einer Aufführung der „La Traviata" von Guiseppe Verdi am 14. März in der Philharmonie im Gasteig. Auf den Salzburger Festspielen begeisterte der gebürtige Mexikaner neben Anna Netrebko. Gesundheitliche Gründe zwangen Rolando Villazón jedoch zu einer künstlerischen Pause, um sich von den zahlreichen Engagements der letzten Jahre und dem Rummel um seine Person zu erholen.

Veranstaltungsdaten: Rolando Villazón, Freitag, 14. März, 20:00 Uhr, Philharmonie im Gasteig, Rosenheimer Str. 5, 81667 München

F

Holiday on Ice

Magie und Illusion ‚on the rocks' verspricht das neue Programm von Holiday on Ice. Die Show „Mystery" gastiert vom 30. Januar bis zum 10. Februar in der Münchner Olympiahalle. Eine Reise mit Alice ins „Jazzland", eine Elfenhochzeit in den Tiefen der Koboldwälder oder Wahrsagerinnen, die zu Liszts ungarischer Rhapsodie II tanzen. Mystery entführt den Zuschauer in Fantasie-Welten und überrascht mit Vielseitigkeit. So bietet die Show einen interessanten musikalischen Mix mit einigen der beliebtesten Lieder der Musikgeschichte aus Pop, Rock und Klassik. Mystery verspricht mit der spannenden Symbiose aus Turnen, Tanz und Artistik sowie einer großen Portion Fantasie die Zuschauer zu unterhalten.

Veranstaltungsdaten: 30. Januar - 10. Februar, Olympiapark München, Olympiahalle, Spiridon-Louis-Ring, 80809 München

G

Miami Nights

Das temporeiche Tanzmusical *Miami Nights* bringt die bonbonfarbigen 80er-Jahre auf die Bühne, inspiriert von der Musik, den legendären Tanzfilmen und den berauschenden Bildern der damals angesagten Videoclips. Die Salsa-Rhythmen von Gloria Estefan und die weltberühmten Hits von Madonna, Cyndi Lauper und David Bowie bilden den musikalischen Rahmen für die schicksalhafte Begegnung zweier Welten, der Disziplin des Turniertanzes und der Leidenschaft des kubanischen Lebensgefühls, begleitet von fulminanten Tanzszenen, viel Tempo und einer großen Portion Charme. The Rhythm Is Gonna Get You!

6. November bis 2. Dezember

Deutsches Theater München, Betriebs-GmbH, Schwanthalerstraße 13, 80336 München

H

Sea Life

Unterwasserwelt im Olympiapark

Der Olympiapark hat sich eine beliebte Attraktion geangelt. In unmittelbarer Nähe zu Eissportstadion und Olympiasee gibt es eine unterseeische Welt zu entdecken. Im modernen *Sea Life Center* warten über 10000 Exemplare aus 120 verschiedenen Meerestierarten auf wissbegierige und staunende „Aquanauten". Den Betreibern geht es nicht nur darum, gute Unterhaltung zu bieten, sondern auch Sensibilität für die bedrohten Ökosysteme der heimischen Flüsse und Meere zu wecken. Zu sehen sind daher weniger exotische, vom Aussterben bedrohte Tiere, sondern vorwiegend Arten, die in unseren Gewässern wie Isar und Donau bis hin zum Schwarzen Meer und dem Mittelmeer beheimatet sind.

Sea Life München, Willi-Daume-Platz 1, 80809 München

Das lästige Leiden

Der Frühling ist da, aber Allergiker können sich nicht wirklich darüber freuen. Sie fürchten sich vor Milliarden von Blütenstaub, der jetzt wieder durch die Luft fliegt. In diesem Jahr fing es besonders früh an. Der warme Winter sorgte dafür, dass schon im Dezember Haselnussblütenstaub ausschwärmte und die typischen Heuschnupfensymptome auslöste. Die Nase läuft, die Augen brennen, die Haut juckt. Inzwischen leidet jeder dritte Deutsche mindestens einmal in seinem Leben an einer Allergie.

Für Millionen Deutsche ist das der Alltag, denn Allergien sind zur Volkskrankheit Nummer eins geworden. In den letzten 30 Jahren nehmen Allergien in allen industrialisierten Ländern dramatisch zu und die Zahl steigt immer weiter. „Es ist davon auszugehen, dass im Jahr 2010 jeder Zweite an einer Allergie leidet", sagen Allergieforscher der Berliner Charité.

Doch Allergien werden nicht allein durch Blütenstaub ausgelöst. Die krankhaften Überreaktionen des Immunsystems richten sich häufig auch gegen normalerweise harmlose Umweltstoffe wie Hausstaub, Tierhaare oder Bestandteile von Pflanzen oder Nahrungsmitteln. Die Folgen aber sind nicht immer ungefährlich und reichen bis hin zu schweren asthmatischen Erstickungsanfällen oder einem lebensbedrohlichen allergischen Schock.

Wer mit Allergien lebt, braucht teure Behandlungen, kann sich im Arbeitsalltag oft nicht gut konzentrieren und an manchen Tagen sogar nicht zur Arbeit gehen. Allein bei allergischem Schnupfen beträgt die geistige Leistungsfähigkeit nur noch um die 30 Prozent. Dennoch wird das Thema Allergie öffentlich wenig ernst genommen. Sogar die Betroffenen selbst unterschätzen oft, wie wichtig eine rechtzeitige und richtige Therapie ist. Sie behandeln sich selbst, bis die Beschwerden unerträglich werden. Da die Erkrankung meist fortschreitet, entwickeln fast über 40 Prozent der Patienten mit einem unbehandelten allergischen Heuschnupfen innerhalb von acht Jahren ein allergisches Asthma.

Kinder und Jugendliche sind besonders von Allergien betroffen. Sie leiden doppelt so häufig an Nahrungsmittel-Allergien wie Erwachsene. Jeder siebte Siebenjährige hat Heuschnupfen, und 18 Prozent der Vierzehnjährigen in Deutschland leiden heute unter Asthma, wie eine internationale Studie herausfand.

In einer umfangreichen Studie versucht derzeit eine Arbeitsgruppe an der Kinderklinik der Berliner Charité einen neuen Schutz gegen Allergien zu entwickeln. Säuglinge erhalten hier dreimal täglich eine Schluckimpfung, die Bestandteile aus der Zellwand von Bakterien enthält. Da die Forscher vermuten, dass Allergien erblich veranlagt sind, nehmen nur Kinder mit vorbelasteten Eltern teil. Die Bakterien-Arten, die im Test verwendet werden, wurden zuvor in Betten bayerischer Landkinder gefunden, die gegen Allergien besonders robust sind. Die Wissenschaftler hoffen, mit der Schluckimpfung das Immunsystem der Säuglinge stärken zu können.

Lesen Sie den Text auf der gegenüberliegenden Seite. Entscheiden Sie, welche der Antworten (a, b oder c) passt. Es gibt jeweils nur eine richtige Lösung.

Beispiel:

(0) Warum können sich Allergiker nicht wirklich über den Frühling freuen?

- [a] Weil er dieses Jahr zu früh gekommen ist.
- [b] ☒ Weil sie wieder an ihrer Allergie leiden werden.
- [c] Weil in dieser Jahreszeit die warme Luft typisch ist.

6 Jeder dritte Deutsche

- [a] bekommt einmal in seinem Leben eine Allergie.
- [b] hat einmal in seinem Leben Hautjucken.
- [c] hat einmal in seinem Leben Alltagsprobleme.

7 Welche Folgen kann eine Allergie haben?

- [a] Sie kann Tieren und Pflanzen schaden.
- [b] Sie kann das Immunsystem überaktivieren.
- [c] Sie kann manchmal lebensgefährlich werden.

8 Eine rechtzeitige und richtige Therapie

- [a] ist unerträglich.
- [b] ist nicht so wichtig wie eine Selbstbehandlung.
- [c] wird von den Betroffenen oft zu gering eingeschätzt.

9 Nahrungsmittel-Allergien

- [a] trifft man nur bei Kindern und Jugendlichen.
- [b] führen zu Heuschnupfen und Asthma.
- [c] sind häufiger bei Kindern und Jugendlichen.

10 An der Studie der Berliner Charité nehmen Kinder teil, deren

- [a] Eltern robust gegen Allergien sind.
- [b] Eltern allergisch sind.
- [c] Eltern früher im bayerischen Landkreis gelebt haben.

Baby per Mausklick

Cathrin Kahlweit

Kalekidan ist zehn Jahre alt; sie kommt aus Afrika, viel mehr ist ihrem Steckbrief im Internet nicht zu entnehmen. Wer sich für eine Adoption des Mädchens interessiert, kann es auf einer US-Webseite seiner persönlichen Liste von Kindern hinzufügen, die in Frage kommen. Das Grausame dabei: Wem das Mädchen schon zu alt ist, tippt auf „neue Suche", genau wie bei der Suche nach Büchern oder Geschenken im Internet. Schließlich ist die Kleine nur eine von Tausenden, die auf dem – ganz legalen – US-Adoptionsmarkt angeboten wird.

Das Adoptionsverfahren in Deutschland läuft ganz anders. Wer in Deutschland ein Kind annehmen will, muss in der Regel den langwierigen und komplizierten Weg über Landesjugendämter oder staatlich anerkannte Fachstellen gehen; auch Adoptionen von ausländischen Kindern werden so organisiert. Das Kinderhilfswerk *Terre des Hommes* schätzt allerdings, dass ein Drittel aller ausländischen Kinder, die von ihren neuen Eltern nach Deutschland geholt werden, an den Behörden vorbei im Herkunftsland adoptiert werden. Damit muss Schluss sein; die Bundesregierung darf solche Legalisierungen von „Selbstbeschaffungsadoptionen" oder „Privatadoptionen" nicht akzeptieren.

Durch das Einreiseverbot nach Deutschland muss das Signal ausgesendet werden, dass die Umgehung deutscher Gesetze nicht geduldet wird.

Denn die Eignung der Eltern bei Privatadoptionen kann nicht ausreichend geprüft werden und es ist nicht immer klar, ob die Kinder von ihren Eltern tatsächlich zur Adoption freigegeben wurden.

Eigentlich sollte man vor allem die privaten Vermittlungsagenturen, die Kinder und adoptionswillige Eltern zusammenbringen, mit Skepsis sehen. In einer Dokumentation hat auch UNICEF, die Kinderhilfsorganisation der UN, zu Recht kritisiert, dass bisweilen Kinder vermittelt würden, die ihren Not leidenden Eltern regelrecht abgekauft wurden. Selbst Entführungen und die Fälschung von Papieren sind nicht selten; berüchtigt für die Vermittlung verschleppter Kinder ist unter anderem Guatemala, von wo pro Jahr etwa 2 000 Kinder ins Ausland geschickt werden. Adoption ist immer nur das letzte Mittel; für die Masse der Kinder der Dritten Welt kann aber die Verschickung in den reichen Westen keine Lösung sein.

Es ist ein handfester Skandal, dass sich Deutschland einerseits zu hohen Standards bei der Auswahl von Bewerbern und vermittelnden Organisationen verpflichtet, andererseits aber Privatadoptionen alle Hintertüren öffnet. Kinderlose Paare, die oft Jahre auf ein Kind warten, bewerten die Angelegenheit indes anders, was meines Erachtens zu verstehen ist. Im Internet finden sich viele Seiten, auf denen verzweifelte Menschen um Rat fragen, wie eine Auslandsadoption funktioniert. Viele haben jahrelang auf natürlichem Weg oder mit künstlicher Befruchtung versucht, ein Baby zu bekommen, später dann über deutsche Ämter. Nun sind sie älter als 40 – und damit in der Regel zu alt.

Lesen Sie den Text. Stellen Sie fest, wie die Autorin des Textes folgende Fragen beurteilt: (a) positiv, (b) negativ bzw. skeptisch.

Beispiel:

(0) Wie beurteilt die Autorin die Suche nach einem Adoptivkind übers Internet? **Lösung:** b

Wie beurteilt die Autorin

11 das Verfahren für legale Adoptionen in Deutschland?
12 die Adoption ausländischer Kinder in ihrem Herkunftsland?
13 das Verbot der Einreise für adoptierte Kinder nach Deutschland?
14 die Kritik von UNICEF an privaten Vermittlungsagenturen?
15 die Verschickung von Kindern in den reichen Westen?

Sie erhalten den folgenden Text. Leider ist der rechte Rand unleserlich.
Rekonstruieren Sie den Text, indem Sie jeweils das fehlende Wort an den Rand schreiben.

Sind Sie Eule oder Lerche?

Morgenmenschen (Frühaufsteher), auch Lerchen genannt,	werden	01
immer früh wach und haben keine Probleme, den Tag aktiv	zu	02
beginnen. Bereits am frühen Nachmittag erreichen	________	16
ihr Leistungsmaximum. Nur ein paar Stunden später	________	17
die ersten Anzeichen von Müdigkeit auf. So kommt es häufig	________,	18
dass Morgenmenschen früh zu Bett gehen.		
Abendmenschen (Morgenmuffel) sind das genaue Gegenteil.	________	19
sogenannten Eulen würden tendenziell später am Tag	________,	20
sofern der Alltag dies ermöglichen würde. Sie können	________	21
zunächst nicht wirklich auf die Arbeit konzentrieren, sind	________	22
Morgen wortkarg und der morgendliche Kaffee ist für sie	________	23
absolut Notwendiges. Am Nachmittag laufen sie dann zur	________	24
und körperlichen Höchstform auf. Folglich tritt bei diesen	________	25
die Müdigkeit erst spät am Abend oder nachts ein.		

14 Aufgabe 1

Fünf Schulklassen wollen einen Tagesausflug planen.
Was glauben Sie, für welchen der acht Tagesausflüge (A-H) würden sich die Klassen (1-5) interessieren?
Es gibt jeweils nur eine richtige Lösung. Es ist möglich, dass nicht für jede Klasse etwas Passendes zu finden ist. Markieren Sie in diesem Fall „negativ".

Aufgaben:

Welcher der acht Tagesausflüge wäre wohl interessant für jede Schulklasse?

1 Klasse 5c, die an ihrem Wandertag in Kontakt mit moderner Technologie kommen möchte?
2 Klasse 8a, die in kleinen Gruppen Informationen zum Thema „Wetter und Wetterphänomene" sammeln soll?
3 Klasse 9b, die im Biologie-Unterricht viel über Insekten und ihre Bedeutung für die Natur gelernt hat?
4 Klasse 7a, die sich für Astronomie interessiert?
5 Klasse 9c, die ein besonderes Interesse an Physik hat und gern Experimente durchführt?

Beispiele:

Welcher Tagesausflug wäre von Interesse für

01 Klasse 7b der Haus- und Landwirtschaftlichen Schule Herrenberg, die an einem Projekt über „Das Leben auf dem Land früher" teilnimmt? **Lösung:** B
02 Klasse 8c, die gerade am Publizieren einer Schülerzeitung arbeitet? **Lösung:** negativ

A

Unterwegs im Barfuß-Park in Lienen
„Freiheit für die Füße!" – unter diesem nicht ganz ernst gemeinten Motto stehen alle Spaziergänge durch den Barfuß-Park in Lienen. Wessen Füße bei jedem Wetter in Turnschuhen stecken, für den bietet der Barfuß-Park sicher ein ganz besonderes Erlebnis. Denn auf dem Weg ist man „unten ohne" unterwegs, und zwar über ganz unterschiedlichen Untergrund. Empfohlen wird zunächst ein dreiminütiges Wassertreten im Kneipp-Becken. Anschließend führt die Tour durch eine Feuchtwiese und einen Bach, entlang der Äcker, Wiesen und Pferdekoppeln. Mal spürt man die wohlige Wärme von aufgewärmtem Holz an den Füßen, mal große Flusskiesel, mal Waschbeton. Insgesamt 16 verschiedene Arten des Untergrunds gibt es auf dem Rundweg. Die ideale Unterhaltung für Jugendliche und junge Erwachsene. *(Infos: www.barfusspark.de)*

B

Besuch im Bauernhausmuseum Bielefeld
Wie lebten und arbeiteten die Bauern um 1850? Näheres dazu kann man im Bauernhausmuseum Bielefeld erfahren. Im Haupthaus, den fünf Nebengebäuden, Haus-, Gemüsegarten und Obstwiese bekommen die Besucher einen Einblick in die Tricks und Kniffe der Landwirte des 19. Jahrhunderts. Zum Beispiel können sie erfahren, wie man Lebensmittel haltbar machte in einer Zeit ohne Kühlschrank und Gefriertruhe. Vor allem an Jugendliche richten sich die verschiedenen Mitmach-Führungen durch das Museum. Hierbei können sie nach und nach entdecken, wie ihre Altersgenossen um 1850 wohl lebten. Sie haben die Möglichkeit, einmal selbst in das Leben vor 150 Jahren einzutauchen und Korn zu mahlen und aus dem Schrot eigene Brötchen zu backen. Oder sie stampfen Milch zu Butter. *(Infos: www.bielefelder-bauernhausmuseum.de)*

C

Wandern mit GPS-Technik in Paderborn
Bewegung an der frischen Luft – das haut Schülerinnen und Schüler häufig nicht gerade vom Hocker. Aber spielerisch technische Geräte ausprobieren, in Kleingruppen einen Weg finden und ganz nebenbei noch eine Wanderung machen – auf dieses Erfolgsrezept setzen die Tourist Information Paderborn und das Heinz Nixdorf MuseumsForum mit ihrem Angebot für Schulklassen: Sie bieten Wandern mit GPS-Empfängern an. Immer drei oder vier Schüler bilden ein Team. Sie bekommen ein Arbeitsblatt mit Fragen und einen GPS-Empfänger mit auf den Weg. Jede Gruppe soll verschiedene Wegepunkte, die im GPS-Gerät abgespeichert sind, nacheinander als Zwischenziele ansteuern. Das Gerät zeigt Richtung und Entfernung zum nächsten Zwischenziel in Luftlinie an. Die GPS-Wanderungen sind für Schulklassen der Jahrgangsstufen 5 bis 7 oder sonstige Gruppen mit Jugendlichen ab 11 Jahren gedacht. *(Infos: www.paderborn.de/schulklassen)*

D

Schönheiten aus dem Mikrokosmos
Was wir nicht alles übersehen, wenn wir über eine gewöhnliche Wiese gehen: Ameisen, Käfer, Fliegen, ein Mikrokosmos im Grünen. Es geht auch anders. Biologen durchforsten Wald und Wiesen mit Kamera und Lupe. In der Ausstellung „Wunderliche fotografische Porträts aus dem Mikrokosmos" kommen die kleinsten Wesen ganz groß raus. Das Museum bringt die Geheimnisse aus dem Zwergenreich der Natur gerade den Kindern und Jugendlichen näher, die mit der Natur nicht immer so vertraut sind. Ein Werktisch im Ausstellungsraum des Kunstmuseums mit Lupen, Mikroskopen, Papier, Stiften, Beobachtungsbögen und biologischen Präparaten lädt dazu ein, den Mikrokosmos selbst zu erkunden. Für Kinder jeder Altersstufe gibt es Gelegenheit, das Museum in ein Labor zu verwandeln.
(Infos: http://kunstmuseum.bonn.de/ausstellungen/aktuellindex.htm)

E

Ausstellung Phänomenta in Lüdenscheid
Wer immer schon mal wissen wollte, was ein Spoiler bei einem Auto eigentlich bringt, wer gerne in einen Zauberspiegel blicken oder vielleicht sogar einmal selbst mit dem Fahrrad über ein Hochseil radeln will – für den ist die *Phänomenta* in Lüdenscheid genau richtig. Sie bietet 130 Stationen mit Experimenten zum Ausprobieren, Nachdenken und Spaßhaben. Mal geht es um Magnetismus, mal um Elektrizität oder um optische Täuschung. Hier gibt es Physik zum Anfassen, und zwar für alle Altersgruppen. Jeder darf sich selbst als Forscher fühlen, wenn er wie einst Galilei die Lichtgeschwindigkeit misst oder fühlt, wie stark ein Herzschlag ist. *(Infos: www.phänomenta.de)*

F

Die Atta-Höhle im sauerländischen Attendorn
Heerscharen von Kindern und Erwachsenen wagen seit Entdeckung der Atta-Höhle im Jahr 1907 den Abstieg in die verzauberte Unterwelt. 50 Millionen Besucher verzeichnet die Höhle bislang in ihrer Geschichte. Doch die beginnt eigentlich vor mehr als 450 Millionen Jahren. So lange hat es gedauert, bis das einzigartige Labyrinth aus Tropfsteinen, Sintervorhängen und kristallklaren Seen entstand. Gerade einmal ein Millimeter wachsen die Stalaktiten und Stalagmiten in zehn Jahren. Der Rundgang durch die „Unterwelt" dauert rund 40 Minuten. Die Atta-Höhle ist das ganze Jahr geöffnet. *(Infos: www.atta-sauerland.de)*

G

Planetarium Bochum
Wo kann man trotz Dauerregens einen klaren Sternennachthimmel bewundern? Im Planetarium. Der Projektor simuliert den Himmel zu jeder beliebigen Zeit und an jedem Ort der Erde. Als Besucher können Sie sich zwischen drei Programmen des Planetariums entscheiden. „Faszination Himmel" bietet einen Streifzug durch die Wunder des Himmels mit bloßem Auge, „Wunderbares Universum" zeigt die fantastischen Bilder des Weltraumteleskops Hubble, und „Leben im Weltraum" liefert die neuesten Antworten auf die uralte Frage, ob wir allein im All sind. Ein Planetariums-Besuch ist auch für Schulklassen geeignet. (Die Vorführungen werden nach Voranmeldung vereinbart. Anmeldung und Beratung montags bis freitags von 8.30 Uhr bis 15 Uhr unter 0234/516060 oder 5160613.)

H

Bergbau-Museum Bochum
Ab in die Unterwelt: Im Deutschen Bergbau-Museum in Bochum können Schulklassen eine richtige Grubenfahrt erleben. Mit einem „Förderkorb" geht es nämlich tatsächlich unter Tage, wo ein 2,5 Kilometer langes Streckennetz auf die Besucher wartet. Zahlreiche Originalmaschinen und Fördervorrichtungen sorgen für einen beeindruckenden Rundgang durch die Welt des schwarzen Goldes. Anschließend bietet sich eine Fahrt auf die Aussichtsplattform des Fördergerüstes, dem Wahrzeichen des Museums, an. In rund 60 Metern Höhe hat man von hier aus einen hervorragenden Ausblick auf das Revier. Doch das Museum zeigt nicht nur Technik. Auch mineralogische Fundstücke sowie handwerkliche Unikate sind „über Tage" in geräumigen Ausstellungsflächen zu sehen. *(Infos: 0234-5877146)*

Sport – der Spagat zwischen Spaß und Risiko

Snowboarding ist „in". Zurzeit packen Tausende für den Trip in den Schnee. Wer aber erst mal auf dem Board steht und sich amüsiert, vergisst schnell die Gefahren. Immer gewagter sollen die Sprünge sein, immer rasanter die Fahrt. Gleiches gilt für Trendsportarten wie Extrem-Mountainbiking oder Kite-Surfen, aber auch für scheinbar ungefährlichen Normalverbraucher-Sport wie das Skaten. „Wenn der Fun-Gedanke kommt, gehen Menschen Risiken ein – das Erwachen kommt oft zu spät", sagt der Bielefelder Orthopäde Prof. Martin Engelhardt.

Seit einiger Zeit registrieren Sportmediziner einen Wandel bei den Verletzungen. Die Gründe: neue Sportarten und verändertes Material. „Bei Skifahrern gibt es zum Beispiel weniger Brüche, dafür aber mehr Knieverletzungen", sagt Dr. Uli Schleicher, Orthopäde und Arzt der Fußballmannschaft Hertha BSC Berlin. Früher führten feste Bindungen eher zum Knochenbruch, heute lösen sich die Skier, dafür verdrehen sich die Gelenke. Bei Snowboardern, die im Durchschnitt doppelt so häufig wie Skifahrer verunglücken, nehmen vor allem durch eine falsche Falltechnik Verletzungen im Bereich des Oberkörpers zu. „Das Problem ist, dass solche Verletzungen einem Menschen durch Folgeschäden lebenslang erhalten bleiben können," sagt Prof. Engelhardt.

„Eigentlich ist der Trend zu mehr Sport ja gut", sagt Dr. Uli Schleicher. Allerdings nur, wenn dabei ein gesundes Mittelmaß gefunden wird. Intensität und Dauer müssten der Leistungsfähigkeit des Körpers angepasst werden. Nur Geduld und das stufenweise Steigern der Leistung gibt dem Körper die Chance, mit dem Ehrgeiz im Kopf mitzuhalten. Wer einen Skiurlaub plant, sollte sich vorher für die Skigymnastik in einer Turnhalle nicht zu schade sein. Ein Bremskursus macht Skater unabhängig von herumstehenden Laternen. Und wer Joggen will, sollte zu Beginn abwechselnd gehen und laufen.

So viel zur Prophylaxe. „Muskeln müssen nach dem Sport aber auch wieder abgewärmt werden", sagt Dr. Uli Schleicher. Der Körper sollte nach der Anstrengung auf niedriger Betriebstemperatur auslaufen, wenn möglich sogar in einer Sauna oder bei einer Massage für die geleistete Arbeit belohnt werden.

Auch Pflege und Vorsicht halten den Körper fit. Auf jeden Fall sollte man Muskelkater vermeiden, denn schon kleinste Verletzungen der Muskelfasern ziehen oft Folgeverletzungen nach sich. „Muskeln ermüden, wenn sie überstrapaziert werden. Dann können sie das Gelenk nicht mehr stabil halten, es kann zu schweren Verletzungen kommen", so Schleicher. Obwohl die Medizin laufend Fortschritte macht – dazu gehören neue Methoden wie z. B. der künstliche Meniskus – gilt nach wie vor: Lieber vermeiden als verarzten.

Wenn der Profi-Snowboarder und deutsche Snowboard-Meister Xaver Hoffmann nach Verletzungen gefragt wird, winkt er ab: „Nichts Großes, nur Kleinigkeiten." Dass er bislang ohne große Operationen und Behandlungen an seinen Muskeln und Gelenken davonkam, hat auch seinen Grund: Nie geht er ohne Rückenpanzer und Hand-Protektoren, bei Wettkämpfen auch mit Helm auf die Piste. „Und wenn ich merke, dass ich an einem Tag nicht so fit bin, dann gebe ich nur 80 % und ziehe die Handbremse. Ich höre immer genau in mich rein und überschätze mich nicht."

Lesen Sie den Text auf der gegenüberliegenden Seite. Entscheiden Sie, welche der Antworten (a, b oder c) passt. Es gibt jeweils nur eine richtige Lösung.

Beispiel:

(0) Manche Menschen gehen im Sport ein immer höheres Risiko ein,

- [a] weil es „in" ist.
- [X] weil ihnen der Sport Spaß macht und sie nicht an die Gefahren denken.
- [c] weil sie den Sport für ungefährlich halten.

6 Die Verletzungen bei Skifahrern sind heute anders als früher,

- [a] weil die Folgeschäden nicht mehr so groß sind.
- [b] weil sie nicht mehr so falsch fallen.
- [c] weil sie eine andere Ausrüstung haben.

7 Wie kann man Verletzungen vermeiden?

- [a] Indem man intensiver trainiert.
- [b] Indem man ehrgeizig ist.
- [c] Indem man vorher ein spezielles Training macht.

8 Um die Muskeln zu schützen,

- [a] muss man in die Sauna gehen.
- [b] muss man für Abwärmung sorgen.
- [c] muss man sich massieren lassen.

9 Schwere Verletzungen

- [a] können heute in jedem Fall von der Medizin mit neuen Methoden geheilt werden.
- [b] führen oft zu Folgeschäden.
- [c] werden heute nur mit neuen Methoden behandelt.

10 Warum hatte Xaver Hoffmann noch keine größeren Verletzungen?

- [a] Weil er seinen Körper gut kennt.
- [b] Weil er immer einen Helm trägt.
- [c] Weil er gut bremsen kann.

Mädchen sind die neue Elite

Cathrin Günzel

Nach der Shell Jugendstudie sind die Mädchen in Deutschland gebildeter als ihre männlichen Altersgenossen und erklimmen unaufhaltsam die Karriereleiter.

Vorige Studien stellten es fest: Jungen in der vierten Grundschulklasse erhalten bei gleicher Leistung in Deutsch und Sachkunde oft schlechtere Noten als Mädchen. Ursache für die besseren Noten der Mädchen ist möglicherweise deren besseres Verhalten. Denn Mädchen mögen ihre Schule.

Deutliche Unterschiede gibt es auch beim Lesen in der Freizeit: Mädchen beschäftigen sich signifikant mehr mit Lesen und Literatur als Jungen. Das hat auch Folgen, was die berufliche Entwicklung von Jungen und Mädchen angeht, obwohl Begabung und Intelligenz keinesfalls geschlechtsgebunden sind.

Die Karrierechancen von Mädchen und Jungen in Deutschland driften auseinander. Junge Frauen haben bei der Schulbildung die Männer überholt. Während 55 Prozent der jungen Mädchen zwischen 12 und 25 Jahren das Abitur anstreben, sind es bei ihren männlichen Altersgenossen lediglich 47 Prozent. Eine zunehmende „Bildungslücke" zwischen den Geschlechtern konstatiert die 15. Shell Jugendstudie, die heute in Berlin vorgestellt wurde. Vor allem junge Männer aus einkommensschwachen Schichten erwiesen sich als bildungsfern. „Frauen sind bald die neue Bildungselite in Deutschland. Männer sammeln sich in Haupt- und Sonderschulen, bleiben zurück", prognostiziert Klaus Hurrelmann, Projektleiter der Studie.

Junge Männer aus unteren sozialen Schichten müssen sich warm anziehen. Vor allem, weil die jungen Frauen Erfolge auf „leisen Sohlen" erzielen, nicht durch Konkurrenz-Hahnenkämpfe. Sie passen sich an, suchen und nutzen ihre Chance, was strategisch besser ist. Bald haben wir 15 bis 20 Prozent abgehängte junge Männer, die benachteiligt sind. Dann ist Männerförderung angesagt. Denn die benachteiligten jungen Männer können ein Gefühl der sozialen Ungerechtigkeit aufbauen, das auch auf die politische Einstellung durchschlagen kann. Diese jungen Männer sind noch einem traditionellen Geschlechterbild mit dem Mann als Ernährer im Mittelpunkt verhaftet und wenig flexibel. Aus der Rolle des „pater familias" können sie sich bedauerlicherweise nicht befreien.

Das Rollenspektrum für junge Mädchen hat sich erweitert, für junge Männer ist dies nicht adäquat geschehen. Doch von einem Krieg der Geschlechter kann nicht die Rede sein, weil die Mädchen aufholen und gleich gut sind wie die Jungen. Allerdings muss man sich mehr um die Jungen kümmern.

Noch allerdings bestimmen Männer in der Wirtschaft die Richtung: Der Platzvorteil der Mädchen, ihr gesteigertes Bildungsengagement, setzte sich noch nicht im Arbeitsleben fort: Gut ausgebildete Frauen schaffen es oft nicht, Unternehmer von ihren Qualifikationen zu überzeugen. Doch Unternehmen tun gut daran, sich bereits heute umzustellen.

Lesen Sie den Text. Stellen Sie fest, wie die Autorin des Textes folgende Fragen beurteilt: (a) positiv, (b) negativ bzw. skeptisch.

Beispiel:

(0) Wie beurteilt die Autorin die Ansicht, dass die Begabung bei Jungen und Mädchen unterschiedlich ist?
Lösung: b

Wie beurteilt die Autorin

11 die Bildung von jungen Männern aus unteren sozialen Schichten?

12 die Anpassungsfähigkeit junger Frauen im Berufsleben?

13 die Bedeutung der traditionellen Männerrolle für junge Männer?

14 die Ansicht, dass die heutige Situation zur Konkurrenz zwischen Frauen und Männern führt?

15 die Chancen qualifizierter Frauen bei der Arbeitssuche?

Sie erhalten den folgenden Text. Leider ist der rechte Rand unleserlich.
Rekonstruieren Sie den Text, indem Sie jeweils das fehlende Wort an den Rand schreiben.

Grün wohnen

Jeder Raum, mag er auch noch so schön eingerichtet ___sein___, **01**
erscheint nüchtern ohne lebendes Grün. Pflanzen erwecken Räume erst ___zum___ **02**
Leben und bringen Atmosphäre in jeden Wohnbereich. Sie sind mehr ________ **16**
bloße Dekoration. Werden Zimmerpflanzen richtig ausgewählt und platziert, ________ **17**
sie Ihren vier Wänden eine besondere Atmosphäre. Je besser Pflanzen ________ **18**
den Gesamtcharakter eines Raumes abgestimmt werden, umso intensiver ist ________ **19**
Wirkung.

Bei der Wahl der richtigen Pflanze sollten Sie Farben und Materialien ________ **20**
Wänden, Fußböden und Vorhängen ebenso berücksichtigen ________ **21**
den Stil Ihrer Einrichtung. Große Pflanzen wirken am besten in großen ________ **22**
mit modernen gradlinigen Möbeln. Die meisten Pflanzen kommen nicht ________ **23**
Geltung, weil sie leider zu klein gewählt werden und ________ **24**
Möbeln und hohen Decken optisch erdrückt werden. Seien Sie mutig und ________ **25**
Sie eine schöne Pflanze frei im Raum wirken.

15 Aufgabe 1

Fünf Touristen befinden sich in Zürich.
Was glauben Sie, für welche der acht Sehenswürdigkeiten (A-H) würden sich die einzelnen Personen (1-5) interessieren?
Es gibt jeweils nur eine richtige Lösung. Es ist möglich, dass nicht für jede Person etwas Passendes zu finden ist. Markieren Sie in diesem Fall „negativ".

Aufgaben:

Welche der acht Sehenswürdigkeiten wäre wohl interessant für jede der folgenden Personen?

1. Michael S., der ein Jazz-Fan ist?
2. Anton F., der den Besuch in Zürich auch für seine beiden kleinen Töchter zum Erlebnis machen möchte?
3. Anna G., die sich für internationale Malerei des 20. Jahrhunderts interessiert?
4. Astrid K., die gern alte historische Stadtteile fotografiert?
5. Hans F., der eine Vorliebe für umweltfreundliche Gebäude hat?

Beispiele:

Welche Sehenswürdigkeit wäre von Interesse für

01 Emma A., die eine Schwäche für unbekannte Blumen hat? **Lösung:** F

02 Josef D., der gern etwas über den Alltag der Schweizer in der Vergangenheit erfahren würde?
Lösung: negativ

A

Chinagarten Zürich
Der Chinagarten Zürich ist ein Geschenk von Zürichs chinesischer Partnerstadt Kunming. Die traditionelle südchinesische Gartenanlage bietet Pavillons, offene Galerien mit Bildern und Stillleben und einen Wasserpalast mit Seeterrasse. Der Garten bringt eines der Hauptthemen der chinesischen Kultur zum Ausdruck: „Drei Freunde im Winter". Gemeint sind die drei Pflanzen, die gemeinsam kalten Temperaturen trotzen: die Föhre, der Bambus und die Winterkirsche. Der Bambus wird traditionell als richtiger Wald angelegt, damit bei Wind die Rohre gegeneinander schlagen und einen tiefen Ton erzeugen. Die Föhre symbolisiert ein langes Leben und die Winterkirsche ist der Frühlingsbote, der bereits in den ersten etwas wärmeren Wintertagen zu blühen beginnt.

B

Das Opernhaus
Ende des vergangenen Jahrhunderts noch fanden Opernaufführungen in der umgebauten Barfüßer-Klosterkirche statt. Nachdem diese durch einen Brand für den Zweck unbrauchbar geworden war, wurde beschlossen, dieser Kunstform ein vollständig neues Gebäude beim Stadelhofen zu errichten. In nicht ganz zwei Jahren entstand an dieser Stelle ein Prunkpalast der schönen Künste, der inzwischen nicht zuletzt wegen seines Programms und teils hochkarätiger Besetzung zu Weltruhm gelangte. Die enormen Geldsummen, die Anfang der 80er-Jahre für seine Renovierung aufgewendet wurden, führten zu den Opernhauskrawallen, initiiert von unzufriedenen Jugendlichen, die sich für die Subventionierung alternativer Kultur einsetzten.

C

Stadion Zürich
Das Stadion Zürich ist ein städtebaulich und architektonisch bestechendes Projekt für Zürich und für den Zürcher Fußball und lohnt einen Besuch. Das Stadion Zürich wird auf dem Gelände des heutigen Hardturm-Stadions gebaut. Für das Stadion sind eine Kern- und eine Mantelnutzung vorgesehen. Die Absicht zur Nutzung von Abwärme, Fernwärme oder Wärme aus dem Grundwasser zur Deckung des Grundbedarfs stellen unter ökologischen Gesichtspunkten sinnvolle Energieversorgung dar.

D

Kunsthaus Zürich

Das Kunsthaus ist eines der wichtigsten Kunstmuseen der Schweiz und der Stadt mit einer Bilder- und Skulpturensammlung von Schweizer und internationalen Künstlern. Regelmäßig finden hochrangige Ausstellungen statt. Neben Werken von Alberto Giacometti, Picasso, Monet, Chagall sind unter anderem die Höhepunkte der Schweizer Malerei aus dem 19. und 20. Jahrhundert zu bewundern. Die bedeutendste Sammlung der Schweiz umfasst impressionistische und expressionistische Werke sowie Gemälde und Skulpturen der klassischen Moderne und der Alten Meister. Das Museum beherbergt so viele Schätze, dass man sich vor dem Besuch entscheiden sollte, wo man den Schwerpunkt setzt.

E

Zoo Zürich

Der Zoo Zürich bietet ein dreimalig einmaliges Erlebnis: Im „traditionellen“ Zooteil warten eindrückliche Begegnungen mit fast 320 verschiedenen Tierarten auf die Besucher. Das Kinderparadies Zoolino lässt ganz direkte Kontakte zwischen Tieren und Besuchern entstehen. Im neuen, weltweit einzigartigen Masoala Regenwald taucht man in eine faszinierende Tropenwelt ein.

Auf dem ganzen Zoogelände ist eine Fülle von Informationen über Tiere und deren Lebensraum sowie über zoologische und ökologische Zusammenhänge zu finden. Eines der wichtigsten Ziele des Zoos Zürich ist Verständnis und Verantwortungsbewusstsein von uns Menschen gegenüber Tieren und Natur zu fördern. Ein Erlebnis für die ganze Familie.

F

Botanischer Garten Zürich

Der Botanische Garten Zürich gehört zur Universität Zürich und ist ein Erlebnis für die Sinne. Mit der Gründung der Universität im Jahre 1833 begann man auch mit dem Bau eines Botanischen Gartens. Einerseits dient er der Universität für Forschung und Lehre, andererseits ist er Erholungsstätte für viele Zürcher. Ein Besuch der Anlage lohnt sich. Zu sehen gibt es beispielsweise das Alpinum mit seltenen Gebirgspflanzen von verschiedenen Kontinenten, den Mittelmeergarten, den Frühlingsgarten mit prächtigen Frühlings- und Sommerblumen oder den Nutz- und Heilpflanzensektor.

G

Lindenhof

Lindenhof ist der älteste Stadtteil von Zürich und ein gleichnamiger Platz. Hier stand einst ein römisches Kastell. In der Zürcher Geschichte spielt der Lindenhof eine wichtige Rolle. Im 13. Jahrhundert zogen die Zürcher gegen Winterthur in den Krieg. Dabei fielen so viele Männer, dass Zürich keine Krieger mehr hatte. Herzog Albrecht I. von Habsburg, Stadtherr von Winterthur, versuchte Zürich einzunehmen und stationierte ein Heer vor die Stadtmauern. Die Zürcherinnen verkleideten sich daraufhin als Krieger und zogen mit langen Spießen auf den erhöhten Lindenhof. Die Belagerer glaubten, ein starkes Heer sei zur Verstärkung nach Zürich gekommen und so gab Albrecht I. von Habsburg die Belagerung auf. Die Brunnenfigur auf dem Lindenhof zeigt die heldenhaften Zürcherinnen. Zudem genießt man von hier einen herrlichen Ausblick über die Altstadt.

H

Graffitikunst im Kongresshaus Zürich

Die Galerie MARSHALL-ART aus Zürich zeigt mit „Living and leaving the streets“ eine beispielhafte Bandbreite an Werken aus dem Graffitigenre. Galerist Martial ‚Marshall‘ Balbinot präsentiert sechs hervorragende Schweizer Graffitikünstler, die sich den Weg von der Strasse in die Galerien erarbeitet haben: Dare, Pose, Cruze, Ezra, Wolfgang Krell und Stefan Winterle zeigen mit ihren Arbeiten auf Leinwand, dass Graffiti authentische und ungefilterte Kunst ist. Fantastische Buchstabenwelten und figurative Gemälde werden von den Wänden der Strassen geholt und auf Leinwand zu monumentalem Eigenleben wiedererweckt. Graffiti-Art reflektiert als kultureller Teil einer großen Jugendbewegung seit über 30 Jahren gesellschaftliche Entwicklungen und wirft in einer eigenen Ästhetik zeitgenössische Fragen an die Öffentlichkeit auf.

Ein Argloser in Deutschland

Mark Twain besuchte 1878 „good old Germany" und traf auf eine Gesellschaft mit vielen Merkwürdigkeiten. Wie so viele Amerikaner war er vom Königtum fasziniert. Die beiden deutschsprachigen Kaiser, die er traf – Franz Joseph und Wilhelm II. – kamen ihm wie Gestalten aus dem Märchenland vor.

Im August 1858 warf der aufstrebende Autor Mark Twain, Anfang zwanzig, eine Skizze mit dem Titel „The Mysterious Murders in Risse" aufs Papier, eine Rachegeschichte, die in Deutschland spielte. Noch hatte er Deutschland nicht besucht oder je die Vereinigten Staaten verlassen. Wahrscheinlich hatten ihn Geschichten inspiriert, die ihm ein in Deutschland geborener Zimmermann in Hannibal, Missouri, erzählt hatte.

Deutsche Immigranten kamen seit den 1820er-Jahren in den Mittelwesten und in vielen Gemeinden hörte man Deutsch auf den Straßen. Aber Twains enge Beziehung zu Deutschland und der deutschen Sprache rührte von der Deutschfreundlichkeit jener Frau her, die er 1870 heiratete, Olivia Langdon. Anders als ihr Gatte hatte sie an einem neugeschaffenen College für Frauen eine ordentliche Schulbildung genossen, und ihre Lehrer und ihre wohlhabenden Eltern legten Wert auf Hochkultur. Und für die nordöstliche Elite Amerikas kam im 19. Jahrhundert die literarische und musikalische Hochkultur Deutschlands gleich nach der britischen Literatur. Man assoziierte sie mit Goethe, Schiller und Heine, Bach, Mozart und Beethoven sowie den Reizen Wagners, des neuesten germanischen Musical-Stars, den Olivia bewunderte.

1878/79 reiste Twain zum einzigen Mal nur deshalb nach Übersee, um einen umfänglichen Reisebericht zu schreiben. Sechzehn Monate war er unterwegs, viele davon in Deutschland. Deutschland war reizvoll, zudem in Mode und literarisch halbwegs unentdeckt – und die pittoreske Schweiz war gleich nebenan.

Spätere Reisen eingeschlossen, verbrachte Twain insgesamt fast vier Jahre in Deutschland und Österreich. Über Deutschland und die Deutschen sprach er stets mit großer Liebenswürdigkeit, oft sogar mit begeisterter Zustimmung, während er ihre Sprache schrecklich und entmutigend fand. „Ich werde es nie sprechen können, es gibt Schrecklichkeiten in seiner Grammatik, die sich mir nie erschließen und meine Zunge an die Zaghaftigkeit ketten werden. Ich weiß eine Menge Wörter, aber einzig Gott kennt die richtigen Endungen ... Ich sprach ziemlich flüssig, bis ich herausfand, dass der Deutsche, was das Geschlecht eines Nomens betrifft, wirklich kleinlich ist und so tut, als würde er einen nicht verstehen, wenn man die Zeiten und Fälle nicht richtig hinkriegt. Seitdem schere ich mich nicht mehr um das Sprechen, außer um kleinen Jungen, die mir den Weg verstellen, zu sagen, dass ich heute keine Blumen zu kaufen wünsche. Mehr Verwendung habe ich für die Sprache nicht, weil der ganze Rest der deutschen Nation Englisch spricht."

Twain gab nicht ganz auf, für ein vernünftiges Gespräch jedoch reichten seine Sprachkenntnisse nie.

Lesen Sie den Text auf der gegenüberliegenden Seite. Entscheiden Sie, welche der Antworten (a, b oder c) passt. Es gibt jeweils nur eine richtige Lösung.

Beispiel:

(0) Als der Schriftsteller Mark Twain 1878 Deutschland besuchte,

[a] fand er die Kaiser sehr merkwürdig.
[b] ☒ war er über 40 Jahre alt.
[c] begegnete er merkwürdigen Menschen.

6 Die erste Erzählung Mark Twains, die in Deutschland spielt,

[a] ist nach einem Aufenthalt in Deutschland entstanden.
[b] schrieb er in Amerika.
[c] entstand in Missouri.

7 Inwiefern unterschied sich Olivia Langdon von ihrem Ehemann?

[a] Sie war gebildeter.
[b] Sie beherrschte die deutsche Sprache.
[c] Sie bewunderte das deutsche Volk.

8 Mark Twain machte eine Reise nach Europa, weil

[a] es in Mode war.
[b] er über Länder wie Deutschland und die Schweiz berichten wollte.
[c] weil ihm die Schweiz gefiel.

9 Welche Meinung hatte Mark Twain über Deutschland, die Deutschen und ihre Sprache?

[a] Er mochte Land und Leute, aber nicht die Sprache.
[b] Er mochte die Deutschen und ihre Sprache, aber das Land gefiel ihm nicht.
[c] Deutschland gefiel ihm, nicht aber die Deutschen und ihre Sprache.

10 Welches Verhältnis hatte Mark Twain zur deutschen Sprache?

[a] Er hatte Probleme, die Wörter zu lernen.
[b] Er hatte Probleme, mit kleinen Jungen auf der Straße zu sprechen.
[c] Er hatte Probleme mit der Grammatik.

Ich arbeite, also bin ich

Sebastian Wehlings

Einer Umfrage zufolge fürchten sich die Deutschen mehr vor dem Verlust des Arbeitsplatzes als vor einer schweren Krankheit. Den rund viereinhalb Millionen Arbeitslosen stehen über 1,4 Milliarden bezahlte Überstunden gegenüber. Arbeit ist anstrengend, aber man kann nicht genug von ihr bekommen. „Wir sind, was wir tun." So sehr ist dieser Glaubenssatz verinnerlicht, dass viele Menschen jene wunderbaren Momente gar nicht mehr genießen können, in denen sie einfach mal nichts tun. Für faul will niemand gehalten werden. Aber warum hat Arbeit in unserer Gesellschaft diesen hohen Wert? In der griechischen Polis oder im antiken Rom hätten Parolen wie die oben genannte Entsetzen ausgelöst. Jede Form von körperlicher und kommerzieller Erwerbstätigkeit galt als erniedrigend. Wer konnte, überließ das Arbeiten den Sklaven. Der freie Bürger war arbeitslos, aber nicht untätig. Er hatte Zeit, sich mit den wirklich wichtigen Dingen zu beschäftigen: mit den Künsten, dem Philosophieren und der Politik.

Bis zum 19. Jahrhundert hatte aber das kapitalistische System Erwerbstätigkeit zur sozialen Pflicht, zu einer gesellschaftlichen Norm, zum Selbstzweck gemacht. Immer mehr Menschen strömten vom Land in die Stadt und in die Fabriken. Der Arbeitsplatz wurde zum Lebensmittelpunkt, die durchschnittliche Arbeitszeit betrug in der ersten Hälfte des 19. Jahrhunderts um die 15 Stunden täglich. Die Arbeitszeit wurde glücklicherweise später auf ein menschenverträgliches Maß gekürzt, aber die von der Industrialisierung eingeleitete Entwicklung war unumkehrbar: Aus der Gesellschaft, in der Menschen arbeiteten, um zu leben, war die Arbeitsgesellschaft geworden.

Heute geht dieser Arbeitsgesellschaft bedauerlicherweise immer mehr die Arbeit aus. Menschen, die auf Arbeit programmiert sind, empfinden eine solche Situation als schwere Krise – das von ihnen wie von den arbeitenden Mitmenschen verinnerlichte Arbeitsethos erweist sich als Problem. Denn unsere Gesellschaft neigt dazu, Arbeitslose unter Generalverdacht zu stellen: Sind das nicht Faulenzer, die sich in der Hängematte des Sozialstaats ausruhen wollen? Durch diese Haltung werden die Betroffenen doppelt bestraft: Sie müssen mit den finanziellen Folgen der Erwerbslosigkeit kämpfen und werden sozial ausgegrenzt. Eine Gesellschaft, die für immer weniger Menschen bezahlte Arbeit hat, Arbeit aber weiterhin zum höchsten Gut erhebt, wird auf Dauer immer mehr unglückliche Bürger produzieren.

In jüngster Zeit gibt es deshalb verstärkt Stimmen, die ein Umdenken fordern. Unter ihnen sind der amerikanische Philosophieprofessor Frithjof Bergmann und der deutsche Historiker und ehemalige *FAZ*- und *Welt*-Redakteur Eberhard Straub. Bergmann wirbt für ein neues Verständnis von Arbeit. Er meint, unsere Gesellschaft würde besser funktionieren, wenn die Menschen weniger arbeiten würden und mehr Zeit hätten, sich selbst zu verwirklichen und Dinge für den eigenen Bedarf zu produzieren. Zu Straubs berechtigten Forderungen gehört, sich von der Idee der Vollbeschäftigung zu verabschieden und die Erwerbslosigkeit als neue, weitverbreitete Lebensform zu akzeptieren. „Wir müssen den Menschen, die keine Arbeit finden, das Gefühl geben, dass sie Teil dieser Gesellschaft sind", sagt Straub. „Sonst droht diese Gesellschaft auseinanderzubrechen."

Lesen Sie den Text. Stellen Sie fest, wie der Autor des Textes folgende Fragen beurteilt: (a) positiv, (b) negativ bzw. skeptisch.

Beispiel:

(0) Wie beurteilt Sebastian Wehlings die Tatsache, dass viele Menschen ihre Freizeit nicht genießen?
Lösung: b

Wie beurteilt Sebastian Wehlings

11 die Beschäftigung mit Kunst oder Politik in der Antike?
12 die Kürzung der Arbeitszeit im späten 19. Jahrhundert?
13 die heutige Entwicklung der Arbeitsgesellschaft?
14 die soziale Ausgrenzung der Arbeitslosen?
15 eine mögliche Änderung des heutigen Arbeitsethos?

Sie erhalten den folgenden Text. Leider ist der rechte Rand unleserlich.
Rekonstruieren Sie den Text, indem Sie jeweils das fehlende Wort an den Rand schreiben.

Taschenrechner der Antike

Schwammtaucher entdeckten 1900 das Wrack vor der griechischen Insel **01**
Antikythera. Aus dem Bauch des Schiffes bargen sie Statuen, Münzen,
Amphoren und Artefakte. Unter den Fundstücken war auch
ein kleiner Klumpen aus Bronze und Holzresten, für den sich **02**
die Archäologen zunächst nicht interessierten. Doch war es dieser Brocken, ______ **16**
aus einem kleinen Abenteuer eine Sensation machte:
Die Stücke sind die Überreste einer antiken Zahnradapparatur, die ______ **17**
Beobachtung der Himmelskörper diente. Mehr noch: Wie Wissenschaftler ______, **18**
ist der sogenannte „Mechanismus von Antikythera" weit komplexer als ______ **19**
vergleichbaren Geräte, die in den folgenden 1 000 Jahren gebaut wurden.
Der Rechner, der im zweiten Jahrhundert vor Christus konstruiert ______, **20**
bestand aus über 30 Zahnrädern und war ähnlich einer Uhr aufgebaut. ______ **21**
Gerät faszinierte die Wissenschaftler auch deshalb besonders, ______ **22**
es ein Differenzialgetriebe enthielt.
Bis dahin glaubten sie nämlich, dass dies erst im späten Mittelalter ______ **23**
wurde. Doch wie exakt mit dem Mechanismus die Position ______ **24**
Mond und Sonne im Tierkreis angezeigt und ein Kalender mit 365 ______ **25**
berechnet werden konnte, das zeigte sich erst jetzt.

Quellenverzeichnis

Test 1, Aufgabe 1:	Jugend Kultur Info, Mai-Juli 2006
Test 1, Aufgabe 2:	Aktuell 3/2000
Test 1, Aufgabe 3:	Juma 1/2005
Test 1, Aufgabe 4:	Aktuell 10/2004
Test 2, Aufgabe 2:	Süddeutsche Zeitung, 12.12.2006; Foto: Fotolia © Bradlee Mauer
Test 2, Aufgabe 3:	Juma 1/2004
Test 3, Aufgabe 1:	Süddeutsche Zeitung, 19.-20.8.2006
Test 3, Aufgabe 2:	faz.net vom 5.12.2006; Foto: pixelio © Claudia Hautumm
Test 3, Aufgabe 3:	www.geolino.de/eure-meinung; Fotos: *Caroline, Thomas:* crestock © Yuri Arkurs; *Dorothea:* crestock © Gudmund Årseth; *Linda, Frederic:* © Jo Glotz-Kastanis; *Selina:* crestock © Zdenka Micka; *Andreas:* © Maria Papadopoulou
Test 3, Aufgabe 4:	Brigitte, 31.3.2007
Test 4, Aufgabe 1:	Focus 42/2001, Fit for fun 1/1997, Brigitte 2/2005
Test 4, Aufgabe 2:	Rheinischer Merkur, 26.2.2006
Test 4, Aufgabe 3:	Juma 1/2006
Test 5, Aufgabe 1:	Frankfurter Rundschau, 20.7.2007; Der Spiegel 41/2001
Test 5, Aufgabe 4:	Berliner Morgenpost, 25.5.2007
Test 6, Aufgabe 1:	Brigitte Kultur 1/2005, Brigitte Kultur 2/2005, freundin 6/1999
Test 6, Aufgabe 2:	Aktuell 13/2007
Test 6, Aufgabe 3:	www.brigitte.de vom 13.12.2005
Test 6, Aufgabe 4:	Der Tagesspiegel 19/2007
Test 7, Aufgabe 3:	www.spiegel.de vom 15.3.2007
Test 7, Aufgabe 4:	Aktuell 2/1999
Test 8, Aufgabe 1:	Willkommen-Das Magazin der Goethe-Institute in Deutschland, 8. Jahrgang 2005, Heft 2, www.tucholsky-in-berlin.de
Test 8, Aufgabe 2:	Der Spiegel, 29.6.2008
Test 8, Aufgabe 3:	fluter, Nr. 18, März 2006, S. 23
Test 8, Aufgabe 4:	www.spiegel.de/wissenschaft/mensch vom 3.5.2007
Test 9, Aufgabe 2:	Der Spiegel, 11.1.2007
Test 9, Aufgabe 3:	fluter, Nr. 5, Dezember 2002, S. 46 f.
Test 9, Aufgabe 4:	Wikipedia
Test 10, Aufgabe 1:	freundin 1/2003
Test 10, Aufgabe 2:	Der Spiegel, 31.12.2007
Test 10, Aufgabe 3:	Brigitte 9/2005
Test 10, Aufgabe 4:	Focus, 26.2.2007
Test 11, Aufgabe 1:	www.schule.suedtirol.it
Test 11, Aufgabe 2:	ARD Buffet 11/2007
Test 11, Aufgabe 3:	www.spiegel.de/unispiegel
Test 11, Aufgabe 4:	www.brigitte.de, Frau & Gesellschaft, 12.12.2006
Test 12, Aufgabe 1:	www.reisen.t-online.de
Test 12, Aufgabe 3:	Brigitte 23/2006
Test 12, Aufgabe 4:	www.onmedia.de/gesund-leben
Test 13, Aufgabe 1:	www.münchen.de
Test 13, Aufgabe 2:	Stern, 28.3.2007; Foto: Fotolia © Swetlana Wall
Test 13, Aufgabe 3:	Süddeutsche Zeitung, 10.7.2006
Test 13, Aufgabe 4:	Apotheke im Bahnhof Zoo, Juli 2007
Test 14, Aufgabe 1:	www.schulministerium.nrw.de
Test 14, Aufgabe 2:	Berliner Morgenpost, 10.12.2006
Test 14, Aufgabe 3:	www.focus.de vom 4.10.2006
Test 14, Aufgabe 4:	wohnen.deinwohnen.at/interieur/grun-wohnen.aspx vom 23.2.2006
Test 15, Aufgabe 1:	www.zueri.ch, www.zuerich.com, www.zuerich-reisefuehrer.de, www.stadion-zuerich.ch, www.myswitzerland.com, www.art-zurich.com
Test 15, Aufgabe 2:	www.welt.de, 1995-2006, vom 13.5.2006; Bild: © Old-Fashioned-American-Humor.com
Test 15, Aufgabe 3:	fluter, Nr. 17, S. 13-14
Test 15, Aufgabe 4:	Süddeutsche Zeitung / Archäologie, 29.11.2006

Wir haben uns bemüht, alle Inhaber von Bild- und Textrechten ausfindig zu machen. Sollten Rechteinhaber hier nicht aufgeführt sein, so ist der Verlag für entsprechende Hinweise dankbar.

Notizen

Notizen